就学前教育と学校教育の学びをつなぐ

小1プロブレムの予防とスタートカリキュラム

新保真紀子 著

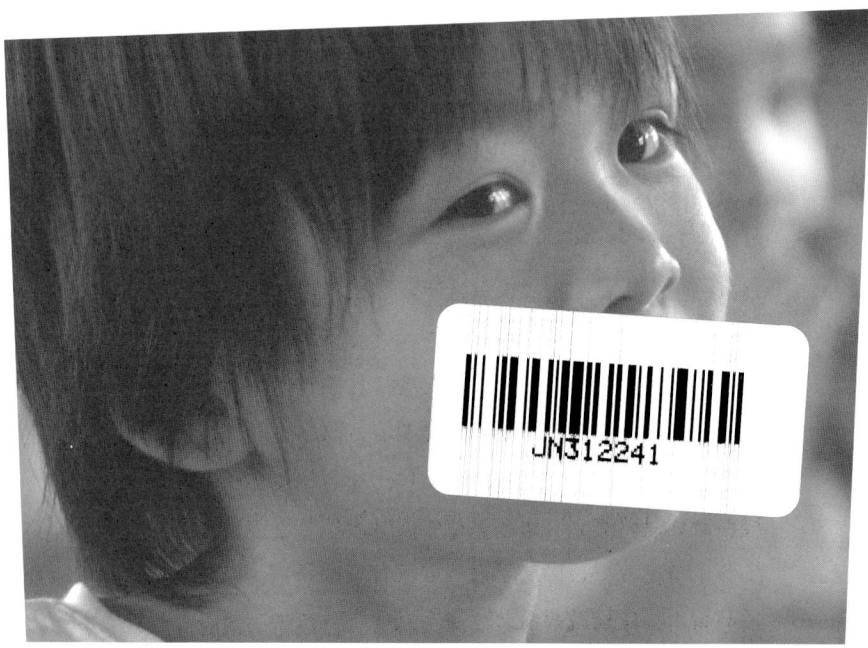

■ 保育所・幼稚園・小学校の段差とその克服
■ 段差を越えるスタートカリキュラムの実例
　──人間関係づくり・特別支援教育・食育 etc...

明治図書

はじめに

　2008年3月，文部科学省（以下，文科省）から小学校学習指導要領と幼稚園教育要領が，厚生労働省（以下，厚労省）から保育所保育指針が相次いで公示されました。文科省が改訂したねらいの一つは，これまで各方面で論じられてきた「子どもたちにどのような学力をつけていくのか」について，PISA調査も視野に入れながら，文科省なりの方向を提示したことでしょう。そしてもう一つの大きな改訂のねらいは，小1プロブレムに象徴される小学1年生の新入期の課題について，文科省・厚労省が足並みを揃えて就学前教育と学校教育のスムーズな接続・連携を提案したことです。保育所・幼稚園・小学校（以下，保幼小）の要領や指針が一斉に改訂され，保幼小連携を強調するのは，かつてないことでした。それだけ，小1プロブレムや就学前教育と学校教育の段差克服という課題は，緊急にして大きいものだということでしょう。今まさに，子どもの発達や学びの連続性を見通した，就学前教育と小学校教育双方の質の向上と段差克服の具体的なアクションが求められているのです。

　私たちは，1997年から大阪の地で，小1プロブレム研究を先駆的に研究してきました。小1プロブレムや保幼小の連携が大きな課題となっている今，あらためて課題を整理し，10年来の研究成果をまとめて，小学校新入期のスタートカリキュラムを提案していこうと考えました。2008年に実施した，保護者・教職員対象の第2回小1プロブレム・アンケートの分析も新たに加えて，今どきの子どもたちや親とどのようにかかわりを深め，子育て支援していけばいいのか，学校・家庭・地域がどんな協働関係を築いていけばいいのかを，明らかにしたいと思

います。さらに，保幼小の教職員たちが，実際に段差をどのように克服して，連携のための意欲的な教育実践を重ねているのか，またスタートカリキュラムの内容についても，紹介したいと思います。

　なお，幼児期の子どもたちが受ける教育の名称には，幼児教育や保育などさまざまな呼び方があります。本書では小学校とのつながりを意識し，焦点化する意味で，あえて就学前教育という呼称で論じていこうと思います。当然のことながら，幼児期の遊びと学びが土台となって小学校教育が豊かな広がりと深まりを持つことができます。幼児期の遊びや学びは，学校に従属しているものでも，補助的なものでもありません。それは連続している学びであり，豊かな根っこが地にしっかりと張り出していかなければ，学校教育で花咲きません。これまで自己完結して連携の少なかった保育所・幼稚園・小学校が，小１プロブレムなどをきっかけにして，相互連携や円滑な接続の取り組みを始めたのです。したがって，保育所・幼稚園と小学校の連携・接続を焦点化させる意味で，あえて就学前教育という言葉で，この書では語っていこうと思います。

　さてはじめに，全国に先駆けて，なぜ大阪から小１プロブレムの実践的研究が始まったのか，その背景について，少し述べておきましょう。大阪は歴史的に同和教育や人権教育のさかんな地域で，研究者と学校園教職員が協同して教育実践や研究を進めてきた風土があります。

長年の教育改革運動のなかで、保護者支援や地域連携、異校種間連携がすでに生まれていたということも、その後の小1プロブレム克服の取り組みを容易に始めることができた要因の一つだと思います。

大阪の子どもたちの家庭的状況は、全国的に見てもたいへん厳しいものです。今、「子どもの貧困」が注目されており、阿部彩さんは、その著書『子どもの貧困』(2008年)の中で、日本の子どもの貧困率は14.7％と先進諸国中では高く、ひとり親家庭(特に母子家庭)の貧困率はいっそう深刻であると、指摘しています。大阪はこの点でも際だった状況を抱えている地域です。たとえば18歳未満の子どもを持つひとり親家庭率は、全国6.3‰に対して大阪府は8.6‰(2005年国勢調査)、生活保護世帯は全国12.1‰に対して大阪府は25.7‰(2007年度厚生労働省調査)、就学援助率も全国11.5％に対して、大阪府は24.8％と、際だって高い支給率です。そのほか完全失業率や離婚率など、子どもの生活に直結するような数値でも、同じく厳しい数値が並びます。

また、大阪は歴史的に在日韓国朝鮮人児童生徒や同和地区児童生徒も多く在住し、近年はニューカマーの子どもたちも公立学校に多く在籍している、多様性に満ちた地域でもあります。こうしたマイノリティが多く在住する大阪では、「社会経済的に不利な背景を持つ子どもたちの教育を公立学校園はどう保障していくのか」が、常に大きな課題でした。教育の平等性を求める教育制度改革や学力保障・進路保障は、半世紀にわたる大阪の同和教育・人権教育の課題でした。地域・家庭と学校が協力して取り組まなければ、奨学金制度改革も、入試制度改革(障害のある生徒・ニューカマーの生徒の公立高校受験上の配慮や高校のいわゆる「特別枠」制度など)も、実現しなかったことでしょう。

子どもの生活現実から出発し、子どものエンパワメントをめざす人権教育の風土は、小1プロブレムの認知と克服においても、大いに活

かされてきました。つまり、小1プロブレム研究はまさに、目の前にある「子どもの現実から出発」して、保幼小教職員が地域ぐるみで連携し、教育改革をしていこうとする同和教育・人権教育の中で育まれてきたと言っても過言ではありません。この小1プロブレム研究の母体も、大阪府人権教育研究協議会という公立幼小中学校教職員すべて（約4万人）が加盟する教育研究機関から始まったことも、至極当然のことだったと言えるでしょう。本書は、こうした教育風土と教職員文化を反映した研究と実践から生まれました。

　さて、本書は2部構成になっています。第1部は、小1プロブレム研究の経過や、教職員・保護者アンケートの分析、そしてスタートカリキュラムについて、理論的実践的な整理を試みました。第2部は、当初より共同研究してきた学校・保育所・幼稚園・地域からの実践を紹介しています。遊びと学びをつなぐスタートカリキュラムづくり・人間関係づくり・多文化共生教育・特別支援教育・食育など多彩な切り口から、具体的な実践を紹介しています。どれをとっても意欲的で先進的な実践であり、大いに参考にしていただけたらと思います。

　なお、文中に登場する子どもたちはすべて仮名で、提供された子どもの写真はすべて本人や保護者の許可をいただいております。また、表紙をはじめ文中で使用した素敵な子どもの写真は、福岡県・田川市立金川小学校教員の熊谷正敏さんによるものです。本文と共にお楽しみいただきたい素敵な写真です。

はじめに…2

第1部 小1プロブレムの今，ここから

第1章 小1プロブレムの「発見」とその克服 …… 7
1 小1プロブレムとは何か　2 小1プロブレムの要因とその対応　3 克服と予防のすじみち

第2章 段差とはなにか …… 18
1 学校文化と学力格差　2 異文化としての就学前文化と学校文化　3 子どもが感じる異文化としての学校　4 異文化性に気づくシミュレーション授業のススメ　5 幼小人事交流のススメ～インタビュー調査から

第3章 子ども・教職員・保護者の今
～二つの小1プロブレム・アンケート調査から …… 46
1 第1回アンケート調査で明らかになったこと　2 教職員はどう変化したか～第2回アンケート調査から　3 保護者はどう変化したか～第2回アンケート調査から

第4章 「くぐらせ期」とスタートカリキュラム …… 70
1 学びのスタート　2 「くぐらせ期」を小1プロブレム世代に　3 「くぐらせ期」のひらがな学習　4 「くぐらせ期」の算数　5 就学前教育と学校教育をつなぐ環境と教材

第5章 遊びと学びをつなぐスタートカリキュラム …… 110
1 スタートカリキュラムのコンセプト　2 ミッシングリンクは生活科

第2部 就学前教育と学校教育をつなぐスタートカリキュラム実践

第1章 遊びと学びをつなぐスタートカリキュラム …… 115
第2章 人間関係づくりプログラムでつながるスタートカリキュラム … 127
第3章 多文化共生教育でつながるスタートカリキュラム ……… 140
第4章 特別支援教育でつながるスタートカリキュラム ………… 153
第5章 食育でつながるスタートカリキュラム ……………… 165

終わりに…180

第1部

小1プロブレムの今，ここから

第1章　小1プロブレムの「発見」とその克服

● 1　小1プロブレムとは何か

　小学校1年生が，新学期を過ぎても落ち着かず，学習が成立しない状況を，私たちは「小1プロブレム」と名付け，1997年より研究を開始してきました。小1プロブレムとは，①授業不成立という現象を中心として，②学級が本来持っている学び・遊び・暮らしの機能が不全になっている，③小学1年生の集団未形成の問題です。1990年代に，すでに問題となっていた小学校高学年の「学級崩壊」とは区別して，幼児期をひきずっている子どもたちの問題だと考えました。

　学級崩壊は，思春期前期の子どもたちがピアプレッシャー（同調圧力）を受けながら教師に反発して，学級集団を「崩壊」させていく学級機能不全の状態です。教師に対する敵対的な言動や，意図的な授業妨害，規律破壊が見られ，対応には思春期心性の理解を踏まえて，その解決に向かわねばなりません。これに対して小1プロブレムは，幼児期を引きずって入学してきた子どもたちが引き起こす，集団「未形成」・社会性未成熟の問題です。担任の先生に反発するどころか，先生が大好きで，「自分だけをかまってほしい」「甘えさせてほしい」という気持ちが強く，他者を意識してセルフコントロ

ールする以前に，自分の欲求が先行しています。思い通りに行かないと，幼児のように駄々をこねて，わざと担任を困らせます。ソーシャルスキルの未熟な子どもたちが，勝手気ままに立ち歩いたり騒いだりして，「授業はいすに座って受けるもの」という従来の学校文化から外れた行為も頻発します。しかも，これらの行動に悪気があるわけではなく，実に無邪気に行われるのです。さっきまでかんしゃくを起こして泣き叫んでいたかと思うと，先生のそばにピッタリとくっついて，うっとりと甘えている，こんな風景が日常的に垣間見えます。

　初めは小1プロブレムの「犯人」として，就学前教育の「自由（放任）保育」がやり玉に挙げられたり，親の子育ての未熟さや教師の指導力不足を責める風潮も強くありました。しかし，これらを短絡的に主要因とするのではなく，社会の変化による子どもたちの社会性の発育不全や，自己完結して連携のない就学前教育と学校教育，必然的に発生した就学前教育と学校教育間の段差拡大など，もっと複合的で構造的な要因があることを指摘し，その根本的な対応や改革を進めることを，早くから提案してきました。

　実際に，この10年以上の間に小1プロブレム対応の取り組みは，学校園でも大きく前進しました。研究を始めた頃は，教師たちは，「今まで見たこともない1年生」とか「まるで宇宙人みたい」など，「未知との遭遇」に戸惑っていました。「厳しくしつけるべきか，優しく抱え込むべきか」と両極端の方針の狭間で，ベテラン教師ほどその対応に混乱し，躊躇や困惑もありました。

　しかし，10年たった今では，こうした現象が生起しても，「これが聞きしにまさる小1プロブレムなのね」と，ある程度冷静に対処して，その対応策をとることも可能になってきました。2008年におこなった第2回小1プロブレム教職員アンケートからも，教職員の意識に変化が見られます。後で詳述するように，「小1プロブレムという課題の認知」は保育所で約6割，幼稚園や小学校では約9割の教職員が認知しているという状況です。その予防と

克服の手だても多種多様となってきました。未体験の，何か得体の知れないものと格闘するのは不安ですが，正体が分かっているものと格闘するのは，与しやすいということです。第2部に紹介するように，今では，子どもの育ちの未熟さは想定範囲内に予測して，小1プロブレムの予防的な取り組みも始まりました。就学前教育と学校教育の連携が始まっている学校園も，アンケートでは今や半数を超えています。

　ではまず，この10年で小1プロブレムの取り組みがどんな風に進んできたのかを，概観してみましょう。

➡ 2　小1プロブレムの要因とその対応

　1997年，大阪府人権教育研究協議会（以下，協議会）の研究スタッフだった私のもとに，府内各地から小学校1年生の異変についての報告が次々と寄せられてきました。共同研究員の立場で，府内の学校園の調査に入ると，授業中，立ち歩く子どもやすぐにトラブルになる子どもなどが，まず目に付きました。大声で指示せざるを得ない教師がのどを痛めたり，ストレスから体調を崩し，長期の病休に入ってしまうケースも，耳にしました。経験豊富で，「1年生御用達」のようなベテランの教師が，これまでの経験知では理解できない1年生の姿に戸惑い，悩んでいました。

　そこで協議会の乳幼児教育専門委員会に保幼小中教職員が集まり，1年生の現状把握や要因追究が始まりました。小1プロブレムと名付けた現象の複合的な要因として，私たちは以下の項目を挙げました。

① 子どもを取り巻く社会環境の変化が，子どもの育ちを変化させていること

　　特に「遊びの3間（仲間・時間・空間）」がなく，異年齢の群れ遊び体験が不足しており，幼児期から児童期にかけて，遊びをとおして身体化されるはずの人間関係づくりのトレーニングが不足していること

② 親の子育ての孤立化と未熟さ

　　3世代同居が減少し，核家族化が進む中で，祖父母世代から子育ての知恵が継承されていないこと。また，近所づきあいが減り，地域の子育て先輩によるサポートも細ってきた昨今，若い親世代の孤立化が進み，未熟な子育てにならざるをえないこと。

③ 子どもも親も自尊感情が低く，人間関係づくりが苦手

　　子どもの自尊感情の低さは，国内外の調査でも問題になっていましたが，保護者の自尊感情も同様で，子育て満足度の低さとその裏返しとしての子どもへのまなざしの厳しさが，調査からも明白になったこと。

④ 就学前教育と学校教育の段差の拡大

　　特に就学前教育の世界では，1989年に幼稚園教育要領，1990年に保育所保育指針が相次いで改訂され，設定保育から子どもの主体性や遊ぶ意欲を重視した保育に変化した（いわゆる「自由保育」）が，学校教育は，変わらないままであり，その間の段差（ギャップ）が拡大していったこと。

⑤ 自己完結し，連携の少ない学校園

　　校区内にある保育所・幼稚園・小学校・中学校では，学びの連続性を意識した交流や連携が図られず，学校園はそれぞれが自己完結して，異校種に無関心だったこと。

⑥ 今の子どもにミスマッチの頑固な学校文化や学校教育システム

　　明治の近代学校制度成立以来，日本の学校文化やシステムは基本的には変わっていないこと。現代の子どもたちが今の学校に不適応を起こしているというよりは，今の学校が現代の子どもたちに不適応を起こしているということ。

　要因の①から③は，地殻変動のように大きな社会的変化です。社会的変化に対応して学校ができることには限りがありますが，学校だけでできること

と，家庭や地域と連携しないとできないことを仕分けて，学校改革していくことが大切です。たとえば異年齢遊びが少なく，人間関係トレーニング不足の子どもたちに対応して，学校園で異年齢遊びをしかける取り組みが始ま
りました。学校内の1年生と6年生がきょうだい学級で活動したり，幼稚園では年少児と年長児の異年齢学級編成も生まれました。こうした活動は年少の子どもたちにとっては，「おにいちゃん・おねえちゃんに甘える心地よさ」を味わい，年長児に憧れて背伸びしながらスキルを学ぶことを可能にしてきました。年長の子どもたちにとっては，お世話をする喜びや「甘えられる心地よさ」を味わえ，さまざまなスキルを年少児に伝授するなど，年長者としての自覚も芽生えてきました。さらに，お互いの自尊感情も，異年齢交流の中で，ほくほくと育ってきました。

　また，孤立しがちな保護者を学校園に誘い込み，学校園活動への参観から参加へ，参加から参画へと，その参加度を高めてきました。核家族化が進み，祖父母の支援もなく，ご近所のサポートも少なくなっている昨今ですから，教職員が批判的なまなざしを保護者に送るのではなく，「子育て世代の若い親が，未熟で当たり前」という前提で，「子育ては大変ねえ。でも大丈夫！大丈夫！」という共感と，「ほどよいお節介」が求められているのではないでしょうか。また，学校だけで学校教育を担う時代から，「学校を地域に開く」という発想も広まってきました。保護者や地域の人がゲストティーチャーとして学校に招かれたり，子どもたちが教室から飛び出して，地域を教室にして学んだり。すでに学校文化の改革は大きく動き始めているのです。

　一方，要因の④から⑥に関しては日本の学校文化やシステムに関わる課題

です。就学前教育と学校教育双方がその異文化性に気づき、それを乗り越えるためのより大胆な改革と交流が求められてきました。保幼小中の子どもたちの交流や合同行事はもちろんのこと、教職員間でも合同研修会や相互参観などが催されるようになり、少しずつ風穴が空き始めてきました。幼児教育と学校教育の間の異文化理解は徐々に進み、単なる交流に留まらず、連携・接合カリキュラムが協議のまな板に乗せられ始めました。幼小人事交流さえ始まりました。自己完結して、交流のないままに相互不信を抱いていた以前と比べると、大きな前進です。

　このように、就学前教育と学校教育をつなぐタテのつながりも、校区内のヨコのつながりも広がってきました。ただ、この10年間で予想外に分厚い壁だと感じたのは、むしろ幼児教育の中の保育所と幼稚園の壁、そして公立と私立の壁でした。幼稚園と保育所は、国レベルでは文科省と厚労省に分かれて縦割り行政ですし、地方行政も教育委員会と保育課などに分かれた縦割り行政が主です。地域行政が教育・保育を統合的に考えて、一元化した「子ども（支援）課」などを立ち上げている市町村もありますが、まだ少ないのが現状です。現場においても、一般に、幼稚園と保育所もお互いの保育・教育に関心が薄く、お互いを異文化だと割り切っているように感じるときがあります。ときには、お互いに不信感のようなものすら抱いているのではと、思えるときもあります。結果として公立・私立・幼稚園・保育所・家庭保育と、就学前の状況はバラバラで、子どもたちが小学校入学後に、「文化の衝突」が起きても不思議ではありません。「段差」はタテにだけあるのではなく、ヨコにもあることを肝に銘じて、取り組む必要があると考えています。

➡ 3　克服と予防のすじみち

　さて、各校園で小1プロブレムに対してさまざまな予防・克服の取り組みが進む一方で、教育行政は小1プロブレムをどのようにとらえ、その対応を

取ってきたのかを，もう少し詳しく見てみましょう。

1) 文科省を中心とした対応

　2000年3月，当時の文部省から研究委託された国立教育研究所（現国立教育政策研究所）が，「学級経営をめぐる問題の現状とその対応」という最終報告書の中で，はじめて「小1プロブレム」を「小1問題」という名称で取り上げました。取り組みの成功事例として，私たちが共同研究していた幼稚園の実践事例が紹介されました。これ以後，マスコミも大きく取り上げ始め，「小1プロブレム」の認知は一気に進みました。

　2001年には文科省「幼児教育振興プログラム」の中で，幼稚園と小学校の連携方策の開発，幼稚園と小学校教員の免許併有機会の充実，子どもたちの異年齢交流の推進，保育所と幼稚園の連携の推進，子育て支援事業の推進など，小1プロブレム克服・予防に有効な手だてを多く含む提案がなされました。

　また中央教育審議会は，初等中等教育分科会幼児教育部会で「小1プロブレム」の現状や幼小連携の必要性などについて論議を重ねました。最終的には，2005年1月に，答申「子どもを取り巻く環境の変化を踏まえた今後の幼児教育の在り方について―子どもの最善の利益のために幼児教育を考える―」が発表されました。そこでは，「遊びを通して学ぶ幼児期の教育活動から教科学習が中心の小学校以降の教育活動への円滑な移行を目指し，幼稚園等施設と小学校との連携を強化する。特に，子どもの発達や学びの連続性を確保する観点から，連携・接続を通じた幼児教育と小学校教育双方の質の向上を図る」等，連携・接続の必要性が強調されました。さらに「遊びの中での興味や関心に沿った活動から，興味や関心を生かした学びへ，さらに教科等を中心とした学習へのつながりを踏まえ，幼児期から学童期への教育の流れを意識して，幼児教育における教育内容や方法を充実する必要」を述べています。その上で，幼小教職員の「合同研修」や「非常勤講師等で相互の経

験者を活用すること」「人事交流や相互理解を進める上で，教員免許の併有を促進する必要」等，幼小連携に具体的に踏み込んだ答申を行いました。

2) 一斉の改訂

こうした経過をふまえて，2008年3月には小学校学習指導要領，幼稚園教育要領，保育所保育指針が一斉に改訂され，幼稚園・保育所ではすでに2009年度より実施されています。一斉に改訂した意図の一つは，前述したように就学前教育と小学校教育のスムーズな接続・連携です。要領の解説や指針からそれぞれ抜き出してみると，その意図するところがいっそう明らかに見えてきます。

まず，新幼稚園教育要領解説では，幼児教育と小学校教育の円滑な接続について，「子どもは小学校入学と同時に突然違った存在になるのではなく，子どもの発達と学びは連続している」ということを繰り返し強調しています。そして，子どもの発達と学びの連続性を確保するために，「幼稚園，小学校の教師が共に幼児期から児童期への発達の流れを理解することが大切である。このため意見交換，合同の研究会や研修会，保育参観や授業参観，事例を持ち寄り話し合うことなどが考えられる」と，具体的な提案を述べています。また，「その際には，幼稚園教育と小学校教育はその指導方法の違いのみでなく，共通点について理解すること」の重要性にも言及しています。その一方で別項において，円滑な移行とは「小学校教育の先取りをすることではなく，就学前までの幼児期にふさわしい教育を行うことが最も肝心なことである。つまり，幼児が遊び，生活が充実し，発展することを援助することである」と，小学校教育の先取りを戒めています。

次に，新保育所保育指針では，新たに保小連携について強調されており，次のように明記されました。「保育所の保育が，小学校以降の生活や学習の育成につながることに留意し，幼児期にふさわしい生活を通して，創造的な思考や主体的な生活態度などの基礎を培うようにすること」。そして，指導

計画作成上の「特に留意すべき事項」に「小学校との連携」を挙げて,「就学前に小学校児童との交流」,「職員同士の交流」,「情報共有や相互理解など積極的な連携」,「就学前の資料を小学校に送付」などについて,述べています。

一方,小学校学習指導要領で改訂の意図がとくに強く出ているのは,「小学校学習指導要領解説　生活編」でしょう。「小１プロブレム」という言葉が何度も使われています。たとえば,「改訂の趣旨」として「小１プロブレムなどの問題が生じる中,小学校低学年では,幼児教育の成果をふまえ,体験を重視しつつ,小学校生活に適応すること,基本的な生活習慣等を育成すること,教科等の学習活動に円滑な接続を図ること」が課題であると,指摘しています。その上で生活科を新設した趣旨は,もともと,「幼児教育との連携が重要な要素」であったことから「小１プロブレムなどの問題を解決するために,生活科が果たす役割には大きいものがある」と述べています。

そして幼児教育や他教科との接続のために,生活科は「学校生活への適応が図られるよう,合科的な指導を行うことなどの工夫により第１学年入学当初のカリキュラムをスタートカリキュラムとして改善すること」を提案しているのです。このように見ていくと,生活科が就学前教育と学校教育との段差を克服しうるミッシングリンクになりうることがよく分かります。

以上のように,同じ時期に要領や指針の一斉改定というアクションを見ても,小１プロブレムの予防と,就学前教育と学校教育の円滑な連携をめざそうとする,両省の強い意図が伝わってきます。それだけ眼前の課題が大きいということに他なりません。

3）　地方教育行政の施策

国レベルで,就学前教育と学校教育の連携が進められる中,地方教育行政における「小１プロブレム」対応も進んでいきました。大きな取り組みとしては,低学年の少人数学級編成と幼小連携事業が挙げられます。

① 少人数学級編成や複数担任制

　少人数学級の配置に大きな追い風になったのは，標準法（公立義務教育諸学校の学級編制及び教職員定数の標準に関する法律）の一部改正でした。従来，この法で定められていた学級定数は，40人定数の学級編成でした。これが，2001年に一部改正され，都道府県教育委員会が独自に定数引き下げをすることが可能になったのです。この学級定数弾力化によって，全国のほぼすべての都道府県では小1プロブレム対応として，1年生の少人数学級を実現させています。ほかにも，1年生の複数担任制を導入したり，担任に幼小免許併有教員を充てたり，新学期だけTT配置をするなど，さまざまな対応が進められてきました。

　都道府県よりも先行して，市町村が少人数学級制に踏み切ったところも多く，例えば「地方からの教育改革」を提唱する埼玉県志木市は，全国に先駆けて2002（平成14）年度より小学校1・2年生の25人学級を実現させました。

② 幼小連携事業や幼小人事交流事業

　文科省の研究委嘱事業の一つである「幼稚園と小学校の教員人事交流」がきっかけとなって，幼小人事交流が効果を上げている地域も出てきました。大阪府内でも東大阪市，堺市，吹田市，箕面市，池田市，岸和田市他がこれに取り組み，他県でも三重県津市などはより広範囲な実施を進めてきました。人事という最も物理的にパワフルな手段を用いて，幼小交流の駒を進めたことになります。学校文化・幼稚園文化の違いと共通性を，当事者である教職員が直接体験し，内省的にフィードバックして幼小の相互理解や連携を図るという，極めて具体的な方策だと思います。都道府県費負担の学校教員と，市町村費負担の幼稚園教員の人事交流には，行政的にもそれなりの工夫が必要でしょうが，そのハードルをのり越えてでも交流を実現させる価値を，教育行政も学校園も認識していたということでしょう。この人事交流の具体的な様子は，第2章に詳しく述べています。

　そのほかにも，小学校1年生クラスに幼稚園教員経験者をTTとして配置

したり，担任外の教員を1学期間限定で1年生に配置するなどの施策を採っているところもあり，いずれも現実的な対応であると評価できます。この延長線上に，免許資格を併有する保育士と幼稚園教員，保育士と小学校教
員の人事交流が実現していくことを強く望むものです。

③ 学校園・地域・家庭の協働子育て

　小1プロブレム対応は，学校だけで進められるものではありません。子育て不安を抱え，孤立しながら子育てに向かう若い親世代や，地域の子育て支援など，学校と家庭・地域が協働して子どもを育てようとするプランが必要です。今や，全国各地にこうした子育てのネットワークが官民あわせて存在しますが，大阪府を例に見てみましょう。

　大阪府では2000年より3年がかりの予算措置を伴う施策により，府内全中学校区（当時334中学校区）に，地域教育協議会（すこやかネット）が立ち上がり，地域・学校園・家庭の協働子育てシステムの整備がなされてきました。地域教育活動の活性化・学校教育活動への支援と協力が目的です。地縁や血縁が薄れた現代を，「子縁」でもう一度，地域がつながろうという試みです。学校の敷地を使った地域フェスタに，地域住民や保護者たちが企画から参画し，当日のフェスタ参加者が毎年1000人を越える校区が，府内各所で見られます。子どもの安全が緊急課題となっている昨今は，地域ぐるみのサポートも重要になってきました。校区の学校園・家庭・地域のネットワークというゆりかごの中で，保幼小連携もまた，育まれつつあるということです。

第2章　段差とはなにか

1　学校文化と学力格差

　子どもたちは，幼稚園や保育所での遊びや生活体験を土台として，小学校の学びへ進んでいきます。幼児教育施設と学校が一体化されて，同じ教職員集団で保育や教育がなされている国々と異なり，日本のように施設も教職員も全く異なる国では，就学前教育から小学校教育への移行は，子どもにとっては急激でハードな変化です。

　学校文化については，これまで多くの研究者が論じてきました。特に，イギリスの教育社会学の先駆者M.F.Dヤングは，学校の文化伝達の特性を次の4点にまとめています。

- 口頭による表現（oral presentation）と対立した文字文化（literacy）の重視
- 学習過程や評価において，グループ作業や協力が回避される個人主義の重視（individualism）
- 学習者の知識とは無関係に構造化され，細分化された抽象的な知識の重視（abstractness）
- カリキュラムが，学習者の日常生活や体験とはかけ離れた無関連なもの（unrelatedness）

つまり学校は，文字媒体（読み書き）に依拠して，個人的学びを中心に，これまでの体験とかけ離れた，細かく抽象的に構成された知識を学ぶことが主流となる場であるということです（もちろん，近年の学校改革で，古い学校文化に風穴が空きつつあると言えますが）。就学前教育と大きく異なる学校教育の異文化性を，保幼と小の双方の教職員が理解して，お互いをつなご

うとしなければ，戸惑う子どもたちが犠牲になってしまいます。

　まして，文字文化から遠いところで育ってきた，家庭背景の厳しい子どもたちやニューカマーの子どもたちにとっては，学校は圧倒的に不利な学びの場ということになってしまうでしょう。近年，家庭の経済的，文化的格差が子どもの学力格差に反映しているという知見が，各種調査から明らかになってきました。たとえば，2008年度文科省学力・学習状況調査をもとにした分析で，教育社会学者の耳塚寛明さんたちは，「年収200万円未満の世帯と1200万円～1500万円の世帯を比較すると，正答率は約20ポイントもの差がある」ことを明らかにしました。また他の学力・生活諸調査においても，学力は通塾や家庭文化（読み聞かせ体験や読書時間，手作り料理体験，博物館や美術館体験，家族でニュース番組を見るなど）と，大きく関連していることが明らかになりました。学校全体を見ても就学援助率の高い学校は学力に課題があるなど，近年の学力と家庭背景の相関性についての知見は，これまでの形式的な教育平等論では解決しない，厳然たる事実を示しています。家庭背景の不利な子どもたちが小学校入学と同時に立ちはだかる学校文化の壁の厚さと高さは，想像に難くなく，学力はもちろん学校生活全般において，これらの子どもたちへの下支えが特に必要になっているのです。

　子どもたちは，正規のカリキュラムはもちろんのこと，「隠れたカリキュラム」でもって，学校文化にどっぷりと浸されていきます。社会がこれだけ変化しているにもかかわらず，明治の学制発布以来，頑固に変わってこなかった学校文化と現代の子どもたちとのミスマッチは，学校生活にさまざまな不協和音を生じさせています。学校文化に適応できる子どももいれば，不適応の子どもが出現しても当然であり，小1プロブレムや学級崩壊，不登校，学校の「荒れ」，高校中退の増加などは，その表れとも言えるでしょう。

● 2　異文化としての就学前文化と学校文化

　教育社会学者の志水宏吉さんは，学校文化について次の二つの要素を挙げています。一つは教室空間・時間割・教師の統制のあり方・授業や評価のしかた・生徒集団の編成のしかた・校則などの，「型としての学校文化」であり，もう一つは学校知などの「内容としての学校文化」です。

　子どもたちが感じている入学期の段差とは，この学校文化と園文化の間にある異文化性そのものといえるでしょう。チャイム，時間割で変わる授業，個人用の机といす，先生の指示言葉，広大な敷地と施設など，「型としての」異文化は数多くあります。また，「内容としての」異文化性は遊びと学びのカリキュラムの相違が最も大きいでしょう。

　すでに述べたように，就学前教育と学校教育の段差の拡大は，今の子どもたちにとってはなかなか越えがたいものです。段差を跳び越えようとして，はじき飛ばされてきたのが小1プロブレムでした。そこで，これまで隔たってきた双方から補助階段を出しあって，子どもたちがスムーズにその階段を上がっていけるようにする必要があります。そのためには，「型として」「内容として」の異文化性を，具体的に子どもの目線に立って明らかにして，どのような補助階段（支援）が必要なのかを見直す必要があります。

　「型として」の学校園文化の段差については，この十年にわたる交流や連携から，相互理解が深まりつつあると感じています。一方で，「内容としての」学校園文化の段差については，教育（保育）カリキュラムを，就学前教育と小学校教育のつながりと重なりを持ったものに再編し直していく必要がありますが，まだ道半ばというところでしょうか。大学附属の幼稚園と小学校などが先行的に取り組みを進めており，まさに地の利というべきでしょう。公立の小学校区でも少しずつその成果が見えてきており，第2部の教育実践はその好例です。このように，学校文化を二つの視座から見つめ直していく

と，総合的な保幼小連携が進むのではないかと思っています。

　さて，よく誤解されるのですが，私は就学前教育と学校教育の段差解消を目指しているのではありません。求めているのは，今の子どもには隔たりすぎた段差を，子どもたちがジャンプして越えてみたくなるような段差に縮小しよう，双方から補助階段を出して接続しやすくしようという発想です。当然ながら，就学前教育や家庭の中で，豊かな生活体験や知的好奇心・意欲が育まれてこそ，こうした学校へのジャンプは可能になってきます。どれだけ子どもたちが幼児期に豊かな体験を，遊びや人間関係をとおして育んできたかが大切です。頑張って挑戦すれば，跳び越えられそうな段差なら，「エイッ！」とジャンプして，「やったぜ！」「もう小学生になったんだ！」と快哉を叫び，達成感を味わうこともできるでしょう。それは子どもたちの成長にとって，まさに通過儀礼のようなもので，通らなければならない道ですが，自信につながる大きな体験であってほしいと思います。

3　子どもが感じる異文化としての学校

　私たちが当たり前と疑いもせずに思いこんでいる「学校とはこういうもの」という学校文化は，就学前教育の子どもたちや新入生にとっては，時には憧れであり，時には自分の前に立ちはだかる壁となってきます。ここでは，いくつかのアクション・リサーチの中で見えてきた子どもの声や姿を紹介してみましょう。

1）　1年生の劇

　まず，「型としての学校文化」を端的に示した，興味深い児童劇を紹介しましょう。2月，ある小学校1年生が，まもなく入学してくる校区内の公立・私立の幼稚園・保育所の年長児たちを招待して，保幼小交流会を持ちました。入学前から子どもたちどうしを顔見知りにして，学校にも慣れさせて

いこうという意図から，近年，小学校でよく行われている行事です。

　給食体験も終わって，体育館に集合してきた公立幼稚園・私立幼稚園・公立保育所の子どもたちの集団のありようが，三者三様でした。緊張気味に全く私語もなく，整然と並ぶベレー帽をかぶった制服姿の私立幼稚園児，楽しげにおしゃべりをして，リラックスした公立保育所児童，その中間の様相を呈する公立幼稚園児たち。

　圧巻だったのは，教頭先生が子どもたちに「整列！　前にならえ！　廻れ，右！」と号令をかけたときのことです。「あ～あ，こんな号令で就学前児童を動かそうなんて，無理でしょう」と，私は心の中で思っていました。小1プロブレムをめぐる段差についてはよくご存知のはずなのに，教頭先生の身に付いた学校文化は，そう簡単には拭えないことがよく分かりました。案の定，公立組は号令の意味が分からず，もじもじしていました。ところが，私立幼稚園の担任の先生が自園の子どもたちの前に立って，「もう一度やり直し！　廻れ，右！」と言うと，「ざっ，ざっ，ざっ」と3動作で，整然と後ろに列を変えてしまったのです。

　この象徴的な出来事一つを取ってみても，同じ小学校に入学してくる就学前の子どもたちが，すでに多様な園文化を身に付けていることが分かります。整然と向きを変えた集団訓練済みの子どもたちが，必ずしも1年生にスムーズに馴染めるとは限りませんが，入学して一つのクラスに在籍する子どもたちが，既に多種多様な園文化を身につけていることは事実です。「子どもたちを号令で動かす」という学校文化を，知らず知らず持ち込んでいる小学校教師も含めて，新入期の混乱が予想できる光景でした。

さらに，興味深かったのは，先輩の1年生が演じた「学校は楽しいよ」と題した学校生活を紹介する劇でした。各シーンを挙げてみると，まずランドセルを背負って集団登校，次に教室に入って一列に並べてある机の中に，ランドセルの中身をしまい，ランドセルを後ろの棚に置いて着席し，先生を待って読書。先生役の子どもが登場し，「起立・礼・着席」の号令から始まる朝の会，続いてチャイムが鳴ると，再び「起立・礼・着席」の号令に続いて，国語の授業が始まります。先生役の子が，挙手した子どもを指さし，「では，○○さん，○頁を読んでください」と指示します。当てられた子どもが読み終わると，「はい，良く読めましたね」と褒め，終業のチャイムが鳴ると，「では今日の宿題は，新しい漢字を10回ずつ書いてきなさい」と告げて，「起立・礼・着席」の号令で授業は終わり。休み時間になってボール遊びなどをしている子どもたちは，チャイムが鳴るとまた一斉に入室して着席し，次に算数が始まります。このあと，給食と掃除の様子を演じて見せて，最後は「先生，さようなら。みなさん，さようなら」の挨拶で帰っていく，というものでした。保育所・幼稚園の子どもたちは興味津々。私のそばにいた教頭先生が，「先生役の子どもの口調が，担任の口調にそっくりだなあ」と苦笑していたのも，興味深く聞きました。

　私は，「これぞ，ズバリ学校文化そのものだ」と，1年生の子どもたちの舞台劇に感心していました。親の同伴しない子どもだけの集団登下校，自力で必要なものを運ぶためのランドセルやサブバック，黒板に向かって一列に前に並んだ机という教室空間，チャイムで区切られる生活，時間割でめまぐるしく変わる教科と休み時間，号令による授業開始・終了の動作，チョークアンドトークの授業展開，座学中心の子どもたちと机間巡視する教師，授業中の教師の評価の返し方や口調，給食や掃除を通した生活指導等々。1年生たちは1年間の小学校生活を振り返りながら，就学前教育との違いを見事に活写して見せたのです。

2) 何でも相談コーナー

　同じような光景は，アクション・リサーチした小学校の1年生でも体験しました。3学期，校区の幼稚園・保育所の年長児を招待する企画を練っていたときのことです。1年間の学びを幼稚園の子らに紹介したいという意見から，ドッジボールをして遊ぶ班，折り紙で遊ぶ班，国語の教科書から民話の読み聞かせをする班，算数の図形で遊ぶ班，コンピューターで簡単な作図をする班，「こいぬのマーチ」の演奏を聴かせる班，手話を教える班など，思い思いの企画が子どもの提案で進んでいきました。既にこの頃，子どもたちは小1プロブレムを克服し，2～3時間の話し合いを集中して行える力を付けていました。子どもの成長ぶりには本当に驚かされたものですし，教育機関としての学校の偉大さや教師の根気強い指導力は感動的ですらありました。

　その時，いつも引っ込み思案の男の子が，発言しました。「僕は『なんでも相談コーナー』を作りたい！　『なんでも相談コーナー』って書いた三角の立て札を机に立てて，その前で座っておくねん。幼稚園の子ら，『勉強，むずかしいかな？』とか，『友だちできるかな？』とか，『プールで溺れへんかなあ？』とか，きっといっぱい不安あるで。そやから，相談にのってあげるねん。『大丈夫やで』って，言ってあげるねん」と。他の子どもたちも，「そうやな，『どこの門から入ってきたら，ええんやろ？　学校は正門以外にも西門とかがあるやろ？』って，思うもんな」とか，「『怪我したら，どこに行ったらええんやろ？』って，心配かも知れへん」（幼稚園は職員室に行けばいいが，学校は保健室）と口々に同意しました。こうした不安こそ，彼らが入学前に持っていた不安であり，自分の前に立ちはだかる学校を見上げて感じた段差の一つだったのでしょう。

3) 幼稚園年長児の見た学校

　幼稚園年長児もまた，幼稚園とは異なる小学校のイメージを語っています。

年が明ければ小学校入学という12月，期待いっぱいの年長児たちに，「小学校って何するところ？」と園長先生が尋ねたところ，すかさず，「勉強するところ！」という答えが返ってきました。先生が，「勉強ってなあに？」と問うと，「漢字，かけ算，ひらがな，漢字ドリル，給食，算数」などと，口々に答えました。先生が「幼稚園も勉強してるんだけどなあ」と言うと，子どもたちはびっくりした表情です。改めて園長先生が，「幼稚園とどこが違うのかなあ？」と質問すると，「勉強・休み時間・給食・広い・体育館・4階建て・教室にテレビとか黒板がある・自分の机と椅子・ランドセル・階段いっぱい・絵本室って言わない・組が『ぞうぐみ』みたいに動物の名前じゃなくて『1組』っていう数字になる・ロッカーがない・高い舞台がある・先生は椅子に座らない」と，口々に答えていきます。校舎が広いとか4階建てとか，運動場が広いなど施設面の違いは，日頃，交流行事でも認識済みの子どもたちです。

　しかし興味深いのは，施設面だけではなく，「先生は椅子に座らない」とか「休み時間がある」という学校文化の認識です。子どもなりに，「子どもは，話を聞いたり，書いたりして，座っている人」。「先生は黒板を使って説明したり，机間巡視したり，要は立っている人」という，日本の教室文化に気づいているのです。また，授業と休み時間の区別がある学校生活と，休み時間がなく，遊びがずっと続けられる幼稚園生活の違いは，教師たちが想像するより遙かに，子どもたちには大きい変化です。学校では，チャイムによってもたらされるoff・onの生活や，細かく教科が変化する時間割に合わせて，頭を器用にスイッチしなければなりません。これまでのゆったりした園生活から一変した環境の変化は，おとなの想像以上のものであり，つまずく子どもがいても，決しておかしくないはずです。むしろスムーズに順応していける子どもたちの能力に，私は感嘆の声を挙げたくなります。

➡ 4 異文化性に気づくシミュレーション授業のススメ

　では学校園の教職員が子どもたちの違和感を実感するには，どのような手だてがあるのかを，いくつか紹介してみましょう。小1プロブレム研究を始めたころ，私たちは子どもたちの感じる違和感を知りたくて，新入期を想定したシミュレーション授業をしてみました。先生役は本物の小学1年生の担任が務め，小学1年生役は幼稚園・小学校教員と保育士が引き受けて，授業が始まりました。なかなか手強い1年生役たちで，大声で騒ぐ子，うろうろ立ち歩く子，けんかを始める子，じっと固まっている子など，名優（？）たちの演技にもめげずに，本物の1年生担任は新入期の授業を終えました。かつて中学校教師だったわたしの目には，小学校教師の丁寧な授業が印象的でした。ところが，そのあとの意見交換では幼稚園教員や保育士から意見が続出し，学校教育との段差がくっきりと明確になりました。まさに異文化であることを実感した瞬間です。

　指摘されたのは，以下のような点でした。

① **チャイムで区切られて活動する生活は，すぐには馴染めない**
　　　子どもは突然，器用にクルクルと教科の切り替えや，休み時間と授業の切り替えはできない。

② **「一人の教師 vs すべての子どもたち」の構図が多すぎる**
　　　教師はいつも黒板を背に，教卓の前で子どもたちに教授や指示をしている。対面式の息苦しさや圧迫感がある。なぜもっと子どもたちのところに降りていかないのか。

③ **教師が全てを説明しすぎ，急がせすぎ。もっと子どもたちの協同的な活動を**
　　　もっと子どもの力を信じて待つべきだ。子どもどうしの活動をもっと増やすべき。就学前教育で，教えあい，助けあう活動を学んできている

ことを活かしてほしい。

④ **新入生の力をもっと信じて，赤ちゃん扱いしないでほしい**

　小学1年生を，余りにも「赤ちゃん扱い」しすぎている。彼らは，幼稚園時代には頼れる「年長さん」として，ほぼ何でもこなし，後輩の面倒を見てきた。

⑤ **言葉遣いが難しすぎる**

　「起立」「着席」「集合」などの言葉の難解さ，また指示が命令口調で怖い感じがする。

⑥ **「くぐらせ期」の授業はおもしろい。就学前教育とのつながりが見える**

　こうした協議の終わりに，「結局，我々は余りにも，お互いの教育や実践について知らないまま，やってきてたのねえ。自己完結していたし，自己満足していた」ということに気づきました。「双方が相互不信すらいだいていたのではないか」という本音も，正直に吐露されて，まず率直で忌憚のない意見交換から始めようと確認しあいました。なにより，後述する「くぐらせ期」という新入期の学習については，概ね評価が高く，段差縮小のヒントはここにあると意見が一致したことも，大きなことでした。

　こうした保幼小中の専門委員たちの気づきは，研究組織を通して，各地の学校園にフィードバックされ，それぞれの校区ごとに保幼小中の交流が始まっていきました。学校園行事の共催や招待（遠足・運動会・生活発表会・音楽会など）・授業（保育）参観・授業（保育）交流・出前授業・夏休みの教職員合同研修会などです。教員新任研修に，必ず異校種での一日体験研修を組み入れている市も出てきました。これまでは入学前に簡単な情報交換をする程度であった幼稚園・保育園と小学校が，教職員はもちろんのこと，子どもたち同士も交流できる場が，次々と拡大していきました。

　中には，小学校と幼稚園が同じ敷地にあるにもかかわらず，ブロック塀で隔てていたのを，「いつでも遊びに来られるように」と，ブロック塀を取り払い，「開通式」もして交流が始まった校区も出てきました。なんの疑問も

持たずに，当たり前のように双方を閉ざしていた塀やフェンスを取り除いて，「お互いの壁を取り除く」という可視化が行われたのです。今でも，同一敷地内にある小学校と幼稚園（保育所）が，それぞれの敷地を高いフェンスで隔てて，子どもたちの往来を阻んでいるという状況は，多いのではないでしょうか。行政も，教職員も，この「壁」を取り除けたとき，双方の交流はきっと大きな歩みを示していることでしょう。

こうして実質的・実効的な交流が始まると，学校教育のほうが驚きや発見は大きかったと言えます。1年生を余りにも赤ちゃん扱いしていたこと，その一方で「これくらいはできて当たり前だ」と，かつての小学生像から今の1年生を見ていたこと，また生活科や総合学習のヒントは幼稚園教育から見出していけることなど，発見は数多くあり，それらの発見や気づきがその後の小1プロブレム予防プログラムに活かされていきました。

● 5　幼小人事交流のススメ～インタビュー調査から

就学前教育と学校教育の段差は，そこで働く教職員が双方の保育・教育について無関心であったり，無知であることに由来する段差でもあります。教職員がお互いの異文化性を実感できる，最も過激で即効力のある方法は，幼稚園と小学校の教員人事交流でしょう。

2006年夏，私は大阪府東大阪市で進められた幼小人事交流の体験者二人と赴任先の幼稚園園長先生に，インタビュー調査を行う機会を得ました。インタビュー当時の3人の簡単な略歴は次の通りです。

- A先生：小学校教員歴11年目で，幼稚園に転勤して2年間勤め，その後に小学校に復職。
- B先生：幼稚園教員6年目で，小学校に転勤し，小学校3年目。
- 園　長：幼稚園主任10年を経て，園長歴4年目。A先生の勤務園の園長。

この3人へのインタビュー調査から，双方が感じた学校・園の異文化性について，明らかにしてみましょう。先生方の違和感こそ，子どもたちが感じる，まさに段差です。

1) チャイムで off on の学校生活と，「ず〜っと目が離せない」幼稚園生活

学校は，1日のうちに何回チャイムが鳴るのでしょう。例えば1年生が登校して，下校する間を数えてみても，15回程度は鳴っています。授業と休み時間の切り替えも，給食や掃除の開始や終了も，全てこのチャイムが合図です。中・高学年になれば，さらにチャイムの回数は増えていきます。学校によれば，既にノーチャイム制を採用しているところもあります。学校のチャイムを消して，自覚的・自律的に自分たちで動くという極めて高度な生活管理を進めているわけですが，これとてもチャイムの音は消えても，子どもたちの心の中ではチャイムは鳴っており，これを認識できなければ学校生活は送れません。

しかし，チャイムで区切られた学校文化は，学校にとっては当たり前であっても，入学間もない子どもたちにとっては，意識しないと聞こえない，これまでになかった音です。園生活では，時間を忘れて夢中で遊びこんできた子どもたちですから，珍しい校庭の遊具などで遊び始めると，もうチャイムの音は耳には届きません。「チャイムの音で，遊びと授業の区切りをつけるのは，初めは難しいことなのだ」と，どれだけの小学校教師が気づいているでしょうか。

> A先生（小→幼）：幼稚園では年長組の担任をしました。幼稚園に来たはじめの頃は，「無理だ！　もう，1年で辞めよう！」って，思ったんです。はじめは生活リズムの違いが大きくって，チャイムがないこととか，ず〜っと子どもから目を離さずに，指導を入れるわけではないのに，一緒に子どもといて，「ここと言うときに声をかける」というスタイルが分からなかっ

た。クラスが一斉保育の時は，まだ分かるけど，合間・合間がとってもむずかしくって……。好きな遊びが終わると，小学校なら，「はい，チャイムが鳴りました。今から休み時間。それが終われば，教室に勝手に戻ってくる」と思っていました。けれども，幼稚園では「はい，じゃあ，お部屋に戻って！」って言わないと，小学校のようにチャイムで自分で動かない。しかも，「手洗いして，うがいして，お茶飲んで，座って，待っててね」まで言わないと，次，部屋に入ったときにとんでもないことになっている。

新保：「とんでもないこと」って？

A先生：いないんです！（爆笑）ふらりと本を読んでたり，ふらりとテラスに行ってたり，「○○してね！」って，一つ一つ言わないと，動かないし，悪気は無いけど物事が進まない。カルチャーショックでした。保育時間は短いのに絶え間が無くて，精神的には「一日が疲れるなあ」って思った。チャイムでメリハリが付けられない生活だから。

B先生（幼→小）：わたしは逆に，小学校に転勤してまず思ったのは，チャイムで子どもたちが動くって，「楽やなあ!! 不思議やなあ！」って。「チャイムで教室に入ってくるなんて，賢いなあ！」と，感動して何度も子どもたちを褒めました。もちろん，子どもたちも4月当初は，チャイムは鳴るんだけど，教室に入ってこない。チャイムの音は，これまでの生活の中になかったんやから，意識無く遊んでいるんです。帰ってこない子どもを，学校は広くて探せないときは，「○○ちゃん捜しの旅に出かけよう。だれが早いかな？」って，ゲームにして，捜しました。

　小学校勤務2年目の年になると，（新学期の混乱の）予想がついているので，「チャイム鳴ったらな，教室へ帰ってくるねんけど，センセと競争しよう！」って。新学期は子どもは教室に入れないことがもう，分かっているから，「一人でも帰ってこなかったら，センセの勝ち！」って，繰り返しゲームのように習慣づけると，4月過ぎると，チャイム着席はもう定着して

いる。

　9月の2学期初めにも，チャイムで座っているのを見て，「えらいなあ！このチャイムの音，忘れてなかったね！」って感動したんですよ。小学校の先生なら，「当たり前！」って思ってるかも知れないけれど，すごく新鮮に思えた。子どもも当たり前になってるんだけど，私が新鮮に思えて，感動して喜ぶと，子どもたちも，「えへっ！」って，嬉しそうなんですね。隣のクラスは，チャイムで帰ってない子らが，立たされているんですよね。「ゲームでやったら，いけるのに」って，思うんですけど。

2) 一人がけの机・椅子を与えられる喜びと不安

　就学前と異なり，入学した子どもたちには一人一人に机と椅子が与えられ，座席が固定されます。たいていは1列または2列ずつ，黒板方向に向かって並べられ，一斉授業が受けやすいスクール形式と呼ばれる教室構成になります。学校文化では当たり前の教室風景です。しかし，これが就学前の子どもたちにとっては憧れでもあり，新入期の子どもたちを不安にもさせている配置だということに，小学校教師は気づいているでしょうか。

> B先生（幼→小）：小学校に勤めてみると，「机が邪魔やなあ」って，思いました。学校に上がりたての頃は，子どもも不安やのに，「あなたの場所はここ」って，決められてしまうと，席が後ろの子は先生から遠くて，とくに不安やと思う。だから，わざわざ私のところにうろうろ来て，「○○してもいい？」とか，訊きに来る。先生から遠い距離にあって，それだけでも不安やのに，机と椅子で区切られて……。幼稚園の年長さんだったら，先生のそばにいるだけで落ち着く子っていますよね。学校の教室では，あの椅子と机のおかげで，先生と隔てられてしまう。
> 　だから4月は，勉強するときは別ですが，それ以外はできるだけ机を下

> げて，幼稚園の時と同じようにみんなで集まって，床に座って，私も子どもの椅子に座って，絵本を読んだり，新学期は自己紹介しあいました。小学校に上がった直後の不安を軽くするために，幼稚園の年長さんでやってきた懐かしいことを，もう一度やって，少しだけ戻ってあげて，落ち着かせたいなって，思いました。
> 園長：私はね，年長さんの２学期くらいから，机を使う練習したいなって，思う。小学校では自分の机もらうのがうれしいんやね。自分の場所ができるわけでしょ。でも，その分，不安なことも多い。幼稚園でも，自分の机を決めてあげたり，小学校の場所を借りて，机・椅子に座って，お絵描きでもできたらいいなあって思うんです。学校の雰囲気に慣れていくこともしてみたいなって。そういう経験もいるかなあって，思ったりするんです。

「いすに座って授業するのは当たり前」という学校文化からは，新入期の子どもたちの不安は見えてきません。「うろうろして，座れないのは問題だ」というまなざしを子どもたちに送ってしまう前に，Ｂ先生のような柔らかい発想が必要でしょう。それは，教師の資質というよりも，小学校教師が就学前教育を具体的に見聞し体験することで分かる発想だと思います。「百聞は一見にしかず」，まずは幼稚園や保育所に足を運ぶことが，新入生理解の第一歩ということです。

3） 子どもへの細かな指示と見通しを持たせるということ

子どもたちに教師が出す指示の仕方も学校と幼稚園では異なります。それは発達段階による理解度の違いもあるでしょうが，その違いを知った上で，小学校教師は１年生を迎える必要があります。教師は「説明したから，子どもは分かっているはず」と思いこんでいるだけだということが，インタビューからもよく分かってきました。

> 園長：A先生（小→幼）は，はじめのうちは幼児の習性が掴めてなかったんやね。朝のうち，外で遊んでて，「片づけて，部屋に入りましょう！」って言うと，4クラスのうちの3クラスは何となく固まって部屋にいたんですけど，A先生のクラスだけ，教室に子どもがいない。はじけているんです。「次することを，子どもたちに言ってある？ 部屋に入って，片づけて，次，何するかの見通しを言わなければ，いけないよ」って，アドバイスしました。
>
> A先生（小→幼）：たとえば遠足で，行ってはいけないところに出てしまっている子どもを見つけたので，ほかの子どもに「呼んできて！」って，頼みました。連れてくるかなあと見ていると，声をかけた後，一緒に別のところに行ってしまってるんです。「呼んできて」は「連れてきて」の意味なのに，むずかしかったんだなあって分かりました。分かっているだろうというのは，小学校教師の体験で思っていることであって，新入生って，ここまで細かく指示がいるんだと分かりました。
>
> 　片づけの時に，「お道具箱持ってきて」というと，中身をのけて，箱だけを持ってきたりね。「お道具箱，開けて」というと，両手で開いたまま，あたふたしてる子。「座って，お道具箱を開いて，蓋を置いて，中からハサミを出して」と，一つ一つの指示がいるんです。学校のように「お道具箱，開けて。ハサミ出して！」と言えば，とんでもないことになる。「なんでこんなになるの？」って，思ったけど，私の話し方ですよね。順を追って，「開けて」，「蓋を置いて」，「袋はいらないよ」って，何回か繰り返すと，そのうち身についてきて「あ，分かった！ 分かった！」なんですけど……。この段階のまま，小学校に来てる子もいるんやなあって，分かりました。

　このように，学校で使う言葉や指示が，新入期の子どもたちには意味が理解できていないことはよく耳にします。たとえば，「水道の蛇口を見てきてね」は「水が出ていたら栓を締めてきてね」の意味なのに，「水が出てた

よ！」と，見てきた報告だけをしてくれたり，終わりのホームルーム時に，「鞄を持っておいで」という指示は，「片付けを始めよう」の意味なのに，鞄を持ってきたら，そのあとは遊んでいるとか。「机を下げる」「起立・礼・着席」などの語句や，「○○しなさい」といった命令口調など，学校文化の異文化性に，子どもたちは戸惑っているのです。

4）学校には音楽が溢れていない

「音楽は生活の一部になっていたのに，小学校には音楽が溢れていない」と，幼稚園出身のＢ先生は言います。教科の音楽ではなく，日常生活の中に溢れる音楽がないというのです。「新学期から，教科学習や日常生活の中で，幼稚園文化をヒントにしていけば，スムーズに学校生活をスタートさせることができるはず」と語る彼女は，音楽でも，小１プロブレム克服のヒントを掴んだようです。

> **Ｂ先生（幼→小）** 幼稚園はいつも音楽が溢れていて，幼稚園では音楽が鳴ったら，体を自然に動かしていたり，体を揺らしたりしていました。でも小学校に入ったら，音楽が消えてしまってる。音楽は生活の一部だと思うんです。体操も音楽付きだし，部屋に入っても歌を歌ったり，お弁当の時も，帰りの時も歌っていました。とにかく一日中，リズムや歌が溢れているのに，学校では音楽がなくて，子どもは緊張しているなあって思う。時間割の音楽が週に２時間あるだけ。他の先生に，「音楽の時間以外は，歌を歌ったら，いけないんですか？」って訊いたら，「全然！　いいよ！」って，お許しをもらったので，朝の会でも歌う。終わりの会でも歌う。体育も学年合同体育でも，幼稚園で使っていた音楽を使ってゲームや体操したら，子どもたちみんな，「この歌，知ってる！」って，リラックスして，すごく喜ぶんですね。
> 　こうしていくと，運動会が楽なんですよ。いきなり「運動会！　はい，

しっかり踊って！」なんて，無理でしょう。1学期から音楽で踊ることに，抵抗をなくしておくと，男の子も女の子も，しょっちゅう踊ってる。「ダンスって楽しいもんだ」っていう雰囲気を，欠かさないようにしていったんです。すると，運動会はもうノリノリで，大成功でした。

　B先生の話によく似た体験が私にもあります。小1プロブレム状況に陥った学級をリサーチ中の時のことです。休み時間になると，子どもたちは教室にあるエレクトーンやタンバリン，ウッドブロックなどの楽器をずっと「演奏」して踊っていたからです。このときの担任団は，音楽やダンスが得意な今どきの子どもたちに目を付けて，運動会のダンスの選曲や振り付けを子どもの力を活かして作りあげていきました。これが，子どもたちの大きな自信となって，小1プロブレム克服の大きなきっかけになっていったのでした。

　今どきの子どもたちは音楽が大好き，リズム感抜群，ダンス上手です。幼稚園を見習って，小学校も今どきの子どもたちの良さを発揮できる取り組みに挑戦してはどうでしょうか。

5）深くて大きいプールで，恐怖と闘いながらの水泳指導

　音楽の効用は，教室だけではありません。プール指導の時にもその効果を発揮していきます。そもそも幼稚園や保育所のプールは小さくて，浅く，中には常設されたプールがなく，組み立て式のビニールプールでプール遊びをしている園もあります。こうした小さなプールから，いきなり小学校の広くて深いプールでの水泳指導となると，水への恐怖はますます募ってきます。そんなときに，幼稚園教員だったB先生が行ったプール指導はアクアビクス風に水と戯れることから始まります。やがてこの手法は徐々に他学年へも広がりを見せていきました。

B先生（幼→小）：プール指導でも，「音楽かけて踊ったら，楽しいよ」っ

> て，1年生はプールの中で踊りました。ほかの先生たちが「アクアビクスみたいやね」って言ってくれて，やがて高学年まで広がっていきました。
> 　小学校のプールは結構，深くて，水が1年生の胸元まで来るので，ホントにいい運動になるんですよ。プールでいきなり初めての曲は，子どもも抵抗があります。水でも恐怖，踊りでも「はぁー」となったら，かわいそうやから，最初は体育で使っていた「きた！　きた！　とっきゅう」や「世界中の子どもたちが」とか，振り付けもある曲から始めました。「怖くないやろ？　怖くないやろ？　平気やろ？」って，これでもかっていうほど，踊らせて水の恐怖を忘れさせました。

6）評価方法の違いは大きい

　幼稚園と学校の評価の仕方もまた，大きく異なります。「できる・できない」という到達度に重点を置く小学校と，「きれいやね」と，子どもの心情に共感的な評価を返す幼稚園。その背景には，学習指導要領に照らした評価を，ある時期にある観点でしなければいけない学校と，2〜3年間を通して成長を見守る園文化の違いが見えてきます。さらに，常時，保護者と送迎時に話し込んで，成長ぶりや課題を伝えられる幼稚園と，学期に1回程度の懇談でしか，評価を返せない学校との違いも見えてきました。

> **B先生（幼→小）** プール指導でも，水に顔つけできないで終わってしまった子もいました。幼稚園だったら「じゃあ，また来年しような」で，いいんやけど，学校はそれが評価につながるんですよ。「顔つけができなかった。この子はA評価にならないなあ」って，頭をよぎるんです。目を光らせて，「Aさんは潜ってない！」「Bさんはうまく潜ってる！」っていう目で見てしまうので，単純にプールを楽しめないんですよ。鉄棒なども同じ。「見て！　見て！」って言われると，幼稚園では一緒に喜んだんですけど，小

学校ではなんか，気持ちの持ちようが違うなあって……。

新保：幼稚園でも，評価をしないわけではないでしょ？ 子どもの成長を保護者に示しますよね。確かに教科ごとの評価はないけれど，その違いは何なんでしょう？

B先生（幼→小）：やっぱりね，通知票で，丸を打つ瞬間です。（爆笑） 最後はすごく迷うんです。幼稚園だと，お母さんに口頭で伝えられる。お母さんがガクッと落ち込まないように，言葉を一杯一杯使ってフォローできる。けど，小学校の場合，それは期末の懇談では伝えるけれど，目の前の現実の通知票に引っ張られる。うちの小学校は，「できる」「もう少し」「がんばろう」の3段階なんですが，きつい気がしてねえ。

A先生（小→幼）：幼稚園は，要録2しかなくて，評価は漠然としてる。子どもというのは，その時はある課題に食いつかなくても，また機会はあるんですね。でも小学校では，10までの足し算練習は，今，このときしかない。今，分からないと，もう2度と授業ではしない。子どもの理解度を見落とさないで，できてない子を必ずチェックして，この子にはここ，あの子にはこれと見定めて，フォローがいるんですね。

　幼稚園はそれがない代わりに，1年たつと確かに成長してるけど，いつやったんやろ？ とか……。何が具体的に伸びたのか，その細かい評価があまりなされていないような……。子どもによって発達が違うので，春先に泥団子が丸められる子もいれば，秋に丸められるようになる子もいるし。それはそれでいいということで，だれが，どこで，どれに食いつくか分からないので，絶えずいろんな食いつきを予想して，環境に気をつけていますよね。それが最初は分からなかった。学校は足し算は足し算，かけ算はかけ算って，時期ごとのカリキュラムがすっきりと，きっちりとしてるでしょ？

7）共感的な「幼稚園言葉」と評価的・指導的な「学校言葉」

　幼稚園と小学校では，子どもの行為に対する教師の言葉がけが異なることにも気づかされました。それをＡ先生（小→幼）は「幼稚園言葉」と呼び，当初は困惑したと述べています。幼稚園の教師は，子どもの行為や感情に対して，共感的な言葉を返していきます。子どもの気持ちにシンクロさせながら，時には同じ目線まで下りていって，共感的な評価を返す幼稚園文化。それに対して学校文化は，子どもの行為に対して「できたかどうか」といった評価や指導につながる言葉がけが，どうしても多くなることを指摘されました。

　たとえば，整列など集団行動のときでも，幼稚園では上手にできた子どもたちを褒めて，再度，お手本として見せるのに対して，小学校ではできていない子どもたちに，やり直しをさせて，悪い見本として全体に知らしめる傾向があります。一方は賞賛することで，他方はやり直しという罰を与えることで，集団行動をコントロールしようとしているのです。

> Ａ先生（小→幼）：できる・できないの評価の違いが，おもしろいなあって思った。学校はすぐに「できるよ」「できたね」「よくできました」の言葉を使うけど，幼稚園は共感的な言葉が多いんです。こどもが「せんせ，きれいやろ？」って言うと，「きれいやねえ」「いいねえ」「おもしろかったね」って。小学校とは言葉遣いが違っていて，はじめは「幼稚園言葉」が分からなかったですねえ。
> 　小学校では，「こうしたら，どう？」などの指導や助言を入れますが，幼稚園の場合，「いや～！　素敵やねえ！」それで終わる。で，子どもが「ここのところを，もっとこうしたいんだけど……」って言うと，「じゃあ，これ使ってみる？」とアドバイスする感じ。そういう話しぶりなので，はじめは「なんか掴みどころのない話し方やなぁ」って，思いました。真似よ

うがないんです。

　レンゲ摘みに行っても，茎のところからではなく，花だけをただギューギューと袋にいっぱい詰めてる光景を見ると，わたしは「え～」って思う。けど，「見て～！」って，子どもが持ってきたら，ほかの幼稚園の先生は，「たくさん採れたね！」「すごいね！」って言う。保護者が迎えに来たときには，「おかあさん，見て，見て！　すごいよ，この子！」って，袋詰めしたレンゲを見せて言う。「本気で言ってるの？　わたしはどう言えばいいんだろ？」って，真剣に思いました。（爆笑）

　幼稚園独特の言葉遣いがあるんです。あまり「がんばろうね」とか言わない。「できた」とか「到達目標に達してません」につながる言葉は言わないですねえ。「きれいね」とか，「いいわねえ」とか，共感する言葉をたくさん使う。先生たちが言う言葉に，いつも気をつけて，聞いてました。

　今は，小学校に戻ってて，全校児童の前でマイク持って指示すると，「幼稚園の先生みたいね」「指示が柔らかいね」って，同僚から言われます。小学校は，号令どおりにできていないと，「はい1組，もう一度！　やり直し！」って。でも，幼稚園は反対です。「はい，○組さん，もう1回やってみて！　上手やったから，みんなに見せてあげて！」って。余りできないことに着目させないで，できたことをみんなの前で褒めるので，マイクを通してもきれいですね。

8）保幼小連携カリキュラムは生活科から

　就学前教育と連携した発想を小学校が取り入れると，より豊かな教育実践ができることを，両先生は体験しています。特にそれは生活科や教室の環境構成においてでした。

B先生（幼→小）：小学校ではじめ，生活科ってぴんと来なかった。一応教

科書はあるけど,「これは本で学ぶこと?」って疑問が沸いてきて。他の先生に訊くと,「幼稚園でやってたことが生活科よ」って教えてくれて,「え? 幼稚園でやってたこと?」って,驚きました。となりのクラスを見てると,やることは決まってる。1年生は朝顔を植えて,その成長をカードに描かせるんです。でも,子どもは見たものを,その通り描くのはむずかしくて,双葉の時はいいけど,ツルなんて,描けない子が続出しているのに,何枚もカードを描かせる。朝顔も毎日は成長してないから,「今日は成長していません」と書く。こんな生活科ではあかんなあと,思いました。

幼稚園の時は,動物や植物の世話など,身近なものを子どもたちは育ててきました。だから,もっと朝顔に興味関心持たせて,取り組まないとあかんなあ,もっとやりようがあるはずやと思ったんです。そこで「一生懸命,育てること」を重点にすると,やがて友だちの朝顔に目を光らせ,初めて「○○ちゃんの朝顔,大きくなってるよ,葉っぱ3枚出てるよ」って,終わりの会で発表するようになりました。子どもはその時に言いたいので,終わりの時に生活科すればいいんだって,思ったんです。すると,「ああだった,こうだった」って,すごく活発な発表になるんです。「見に行ってきてみろよ!」「ほんなら見に行こう!」「ほんまや!」って。興味関心を大切にして,朝顔を育てて,つきあうようにしました。

A先生(小→幼):私も生活科の朝顔は,小学校に戻った今は,「こうしなさい」ではなく,あれこれとやらせてみながら,「今から植えるんやけど,なぜ種はまず,水につけとくのかなあ? なんで土の中に埋めるんやろ?」なんて話をさせながら,袋を開いていく。5年生で発芽のしくみは学習するんですけど,1年生なりに,いろんな意見を言って,おもしろい。ツルが伸びてきたら,絵を描いて,ずんずん絵をつないでいって,最後に1枚の長い絵に仕上げていきました。

花が咲くと色水で遊んだり,一番花がきれいなときのベストショットを

写真で撮ってあげたり。「一番いいところを撮ってあげる」と言うと，「きょうは3個咲いたから，今や！」と言いに来る子とか。絵を描かせるのは，種と双葉と伸びたところの3回だけにしました。別に生活科は，毎日絵を描かなくてもいいのに，教師は「描かせたら安心」というところがあるんですよね。幼稚園から戻ってきて，気づいたことです。

9) 小学校の環境構成の改善

　就学前教育が大切にしている「環境構成」は，小学校でも子どもの知的好奇心や学ぶ意欲をかきたてる環境構成へと，継続されてしかるべきです。就学前教育が大切にしている「環境構成」には，小学校の学習環境づくりのヒントが満載です。

園長：幼稚園時代に，遊びを豊かにさせ，そのためには素材を豊かにしておくことが大切で，それが環境なのよね。どれだけ興味を惹きつける素材を置いておくかが，子どもの学びを豊かにすることなんですね。
B先生（幼→小）：テントウムシの赤ちゃんは初めは黄色で，やがて赤と黒になるってことを知らない子が結構いてるんです。図工の時間に，赤とオレンジと黄色の折り紙を置いてたら，「黄色とオレンジはおかしい」って言う子と，「おるよぉ！」という子が，論争になったんです。図書室で調べてみたら，幼虫は黄色だったことが分かると，今度はそれを「育てたい！」って，口々に言い始めました。3年生が捕まえていたことを知ってたので，「テントウムシの幼虫，どこにいてる？」と訊きに行かせたら，「あげるわ」ってなって，もらってきた。子どもたち，今もすごく一生懸命，育てるんですね。
園長：学校は飼育箱を，なんであんなに高いところにおくんやろね？　小動物は楽しむために飼うものやのにね。

> A先生（小→幼）：私は，今は机にドンとおいてます。そのそばに，本も置いておいて，いつでも調べられるようにしてる。幼稚園から小学校に復職したとき，1mのポンカンの鉢植えの木に，アゲハの幼虫がいたので，幼稚園式に，廊下の隅にその鉢を置いて，みんなで観察できるようにしたんですね。興味のある子らが世話して飼うことにしたんです。
> 　やがて，ほうきの柄やあちこちにサナギがついて，ある朝，来てみたら，30匹のアゲハが教室を飛んでいるんです。空っぽになったサナギを見つけたり，アゲハを窓から「バイバイ」って，飛ばしてやって……。子どもらは，ポンカンの木が丸坊主になったのを心配してたけど，「大丈夫，来年，春にまた芽が出てくるから」って話しました。
> 　小学校は「〇〇単元は〇年生で学習」って決まってるけど，私は何度も出会えばいいんやって，今は思えるようになりました。
> B先生（幼→小）：メダカの赤ちゃんをたくさんもらったので，隣のクラスに「先生，メダカ，要りますか？」って，訊いたら，「水槽の学習は5年生やから，要らない！」って返答されて，「え～？！」ってなりました。（爆笑）

10）準備教育としての幼稚園教育の必要性

　私立幼稚園や保育園の中には，早期教育を目玉にして入園児獲得に走る園もあれば，「のびのび保育」の園まで実に多種多様です。一方で，公立の就学前教育に携わる教職員は，概して学校の準備教育的な取り組みを好まない傾向があります。もちろん，私立幼稚園・保育所での早期教育にも，批判的です。

　私も早期教育を是とするものではありませんし，小学校の先取りを勧めるものでもありません。しかし今，小1プロブレムなどの課題が頻発する中で，就学前教育サイドも小学校教育に無関心でいては困ります。当然のことなが

ら，学校教育の学びを視野に入れた，準備教育としての保育を進める必要があるのではないでしょうか。準備教育といえば，何か小学校の予備校化のように感じて反発する声もありますが，遊ぶ意欲，知的好奇心，仲間関係づくりなどに加えて，ことば・文字・数・図形への興味，空間認知や自然認識，生活認識などなど，遊びをとおして学んできたことが土台となって，小学校の学びにつながっていくという視点で，考えたいものです。

(文字指導について)

B先生（幼→小）：はじめ，幼稚園で保育しているときは，私の中では文字や数への興味関心は漠然としていました。子どもの目に映るように文字や数字を貼っておけば，興味関心を持つ子は持つだろうと，何となく思っていました。自然に任せて，放っておけばいいって。

でも小学校に来て，それでも興味を持てない子はいるんですね。「体ぐるみの賢さ」と新保先生がおっしゃるように，「『あり』の『あ』」って，具体的な体験をとおして覚えるのは重要やなって。夏休みになっても，ひらがな全部を書けない子が，やはりいるんですよ。どうしたらいいんかなって。結局，文字に興味関心が持てない子は，子どもが苦しんで，困っている。

幼稚園で，「ひらがなの『あ』は，こうやって書くんよ」って，教えてしまえば，それは小学校になってしまう。けど，幼稚園でも「『あ』のつくもの，探そう！　ありの『あ』」とか，ゲームにしたり，しりとりしたり。言葉遊びとかを，幼稚園も意識して，もっとできるんと違うかな。自分が意図を持って，子どもに下ろしていかないと，ただ漠然と文字を貼っておくだけでは，学校でつまずいてしまう子が出てしまう。その意識が，幼稚園教員の頃はなかったなって，思います。

園長：A先生（小→幼）から，いつも言われていたのは，平仮名のことやね。A先生は，「幼稚園でも，ひらがなをどうせ見せるなら，正しく教えてほしい」と言われた。それまで幼稚園は，「文字環境が豊かであればいいん

だ」という，あいまいな考えかたをしていた。「数字さえあればいい，文字はいっぱい書いて貼っておく。いっぱいあればいい」と，短絡的に思っていた。「つくえ」「いす」などと書いて，貼ってあるけど，その字体が丸文字であっても，平気だったり……。

　けど学校は，1文字ずつ丁寧にひらがな指導してるもんね。ほかにも，「『すぷーん』みたいに，明らかにカタカナがふさわしいのに，わざわざ平仮名にすることはない。カタカナでいいのでは？」と言われて，なるほどと思った。

B先生（幼→小）：鉛筆の持ち方も気になりますね。癖がついてしまっている。それに，子どもたちにちょうど合った大きさや筆圧の筆記具が，幼稚園にはないですよね。サインペンなど，太くて描きやすいので，みんな筆圧が弱い。持ち方も，逆に倒して書く子や，中指・親指を使わずに書く子など，お箸と同じように入学前に悪い癖ができてしまってる。「鉛筆の持ち方指導は，小学校の仕事」というわけにはいかないですよね。

（数の認知や空間認知について）

B先生（幼→小）：私が「プリントを3枚ずつ，持っていって」というと，違う数を持っていく子が，小学校でもいてるんです。話を聞いてなかったのかなあと思ってたけど，そうじゃなくて，「ほんとに分かってないんだ」ということが，分かってきました。1234というのがａｂｃｄと同じで，ただ唱えてただけ。数概念がない子がいることに，小学校教師になって気づきました。

　幼稚園の頃は，123の意味が分からなくても，まわりにあわせていたから，教師は見抜けていなかっただけなんです。123□5の□に，4と書けない子がいるし，算数ですごく苦労している。幼稚園や家庭でもっと意識する必要があると思う。「ひとつ・ふたつ・みっつ・よっつ」はいいけ

> ど，「ごっつ・むつ・ななつ・はっつ・きゅうつ……」とか。語彙も少ない。指で3本出すことができない子もいる。斜めの線が書けない子もいる。「前から3番目の子」といっても，分からなかったり。数が，単に呪文にしか過ぎないんですね。
> 　後の学年で出てくる1リットルも抽象的な量なので，「飲んでみて」とか，1デシリットルのカップで顔を洗ってみようとか，うがいしてみようとか，「1センチメートルを，みんなの生活の中で，探してみよう」といって，食パンの厚さを見つけたり。生活と結びついた数量がいるんですよね。就学前教育でも，長さや容量は遊びの中で，もっと意識して体験できるはずです。

　以上が，幼稚園と小学校の人事交流によって教職員自らが双方の異文化性，まさに段差を身をもって体験した内容です。この市では，お互いが学んだ体験を個人的な体験にとどめずに市内研修会でシェアしあい，共有化していきました。教育行政は，人事交流を単発のものにするのではなく，継続的に取り組むことで，段差縮小とカリキュラム接続の成果を積み上げていくべきです。また，人事交流まではまだ難しい地域でも，新任研修に異校種の学校園体験をたびたび企画するとか，校区内で相互乗り入れして，「なりきり先生」体験をするとか，出前授業（保育）をしてみるとか，工夫できることはたくさんあると思います。長時間・長期間であればあるほど効果的だと思いますが，限られた条件の中で，短時間であってもこうした体験を進めていくことは大切です。教育行政と学校園の柔軟な対応が問われていると思います。

第3章 子ども・教職員・保護者の今
～二つの小1プロブレム・アンケート調査から

　小1プロブレムを研究し始めた当初から，マスコミなどが伝える「今どきの子どもは！」「今どきの若い親は！」という情緒的で短絡的な情報だけで論ずるのは危険だと思っていました。一方で，多くの親や教師はこの状況をどう感じているのか，その実態を知りたいと思いました。そこで，取り組んだのが全国初の「第1回小1プロブレム・アンケート」でした。この第1回調査は，教職員対象（1999年実施）と保護者対象（2000年実施）に分けて行われました。その後，約10年が経過した2008年に，その後の変化を調査する目的で，第2回の小1プロブレム・アンケートを実施しました。2回にわたる調査は，私が関わっていた大阪府人権教育研究協議会が主体となり，その分析は共同研究者である高田一宏さんにもお世話になりました。第2回調査では，この10年間の小1プロブレムをめぐる変化と現在の課題がいっそう明確になってきました。そこでまず，第1回の調査分析を概観した後に，第2回調査が明らかにしている現在の課題について論じていきましょう。

1　第1回アンケート調査で明らかになったこと

　第1回の教職員調査（1999年実施）は，大阪府内の保育所・幼稚園・小学校低学年担当の教職員1388人を対象に行いました。その特徴をまとめてみると次のようになります。

1) 教職員は，子どもたちを否定的に見る傾向

　たとえば，70～80％以上の教職員は，子どもたちは「自己中心」「夜型の生活」「おけいこごとが多い」「かたづけやあいさつができない」「他の子とコミュニケーションがとれない」などと認識していました。（複数回答）

2) 教職員は，保護者を否定的に見る傾向

　教職員の80％以上が，保護者は「基本的生活習慣を身につけさせる配慮が弱い」「受容とわがままの区別がつかない」と感じ，70％以上の教師は「過保護」「親のモラルが低下」「単親家庭が増えた」「しっかり遊ばせていない」と感じていました。（複数回答）

　子どもや保護者の選択肢には，「好奇心旺盛な子どもが増えた」とか，「挨拶やしつけに熱心」など前向きな項目も並べてあったにもかかわらず，それらの項目を選択した教職員は少数でした。子どもに対しても，保護者に対しても，「かくあるべきはずなのに，どうなってるの？」という，教職員の困惑ぶりや，保護者の子育てへの批判的なまなざしが滲み出たデータになっていました。

3) 若い教職員は，ベテランよりも子どもや親を肯定的に見る傾向

　一方で若い世代の教職員は，前出の各項目に対しても，子どもへのマイナス評価がベテランよりも概ね10ポイント程度，少ないのが目を惹きました。保護者に対しても，「教職員との関係がうまくとれない親が増えた」という項目では，ベテラン教師との差は26ポイントにも及び，「親世代とジェネレーションギャップの少ない若い教職員」と，「親とのギャップに悩むベテラン教職員」という構図が見えてきました。第1回調査をした1999年当時は，学校にはまだ若い世代の教職員は少なく，団塊世代が大量に働いていた時期でしたが，その後，団塊世代の大量退職と新任大量採用時代を迎えて，このギャップがどう変化してきたか，興味深いところです。

　続いて，翌年の2000年には保護者アンケート調査が行われました。府内の市町村人権教育組織を通じて，保幼は年長組の，小は低学年の保護者を対象に行われました。学校園単位の申し込みが続出し，最終的には3万2千人以

上の保護者回答が集まる調査となりました。ある市は，全保護者の傾向を探りたいと，悉皆調査にしました。回答者はほぼ母親でしたが，第1回保護者調査では，次のような特徴が見えてきました。

4） 親業の未熟さと子育て不安

　フルタイムで働く母親より，専業主婦の保護者には「子どもを傷つける言葉やたたいてしまう」などの深刻な悩みが多いことが明らかになりました。また，全体的な特徴として，子育てを「楽しい」と感じている（73％）が，「子育てに満足」しているのは3人に1人（35％）という実態も浮き彫りにされました。さらに，親業の未熟さを裏付ける一つのデータとして，「人生で最初に抱っこした赤ちゃんは我が子」という母親が，7人に1人（14％）いたことも，衝撃的でした。

　ほかにも，興味深い結果は，祖父母世代と親世代の子育て観のギャップです。祖父母世代には「身辺自立や社会性を大事に」した子育てをされてきたと感じ，自分たち親世代は「子どもとのコミュニケーション」や「子どものきもち」を大事に子育てをしたいと思っているということです。

　また，学校と保護者とのギャップも感じられる結果も出てきました。たとえば，子育てや教育をめぐって，学校と家庭のどちらが主に行うかにズレがあるのです。また，親は学校に対して，情報公開と第3者の相談機能を強く希望していることも明らかになりました。全体として，小1プロブレム世代の子ども理解だけでなく，保護者理解と子育て支援の課題も考えさせられる調査結果となりました。（第1回調査の結果と分析は，詳しくは拙著『「小1プロブレム」に挑戦する―子どもたちにラブレターを書こう―』をご覧下さい）

✏ 2 教職員はどう変化したか〜第2回アンケート調査から

　以上のように第1回調査では，小1プロブレムの現状と教職員や保護者の意識や課題を明らかにすることができました。続く第2回調査では，この10年間の小1プロブレム克服・予防の取り組みとその成果，そして教職員や保護者の意識変化を知ることに焦点をあてることにしました。調査項目は，前回の質問項目に若干の新規項目を加えて作成しました。2008年2月から3月にかけて，府内すべての市町村人権教育研究協議会をとおして学校園に調査依頼をし，就学前・小学低学年担当教職員と保護者から回答を得ました。

　では，まず教職員アンケート調査結果から見てみましょう。

1）若い教職員の増加とベテランの減少

　回答数は学校園教職員2,259人，回収率は81%でした。その内訳は公立小学校1・2年生担当教員が1500人（66%），幼稚園教員は公立397人・私立53人（20%），保育士は公立294人・私立13人（14%）でした。全体の回答者も女性が93%を占めており，小1プロブレム世代の子どもたちへの男性教職員の関わりはまだまだ少ないようです。

　前回の調査では，教職員経験10年未満の若手はわずかに18%にすぎませんでしたが，今回調査では急増していることも分かりました。5年未満の若手だけでも28%を占め，10年未満経験者を合わせると30%以上になりました。それに比して，ベテランの比重は下がり，前回82%を占めていた10年以上経験者が今回は61%と，20ポイント以上も下がっていました。50代が今なお42%と健在ですが，この10年以内に確実にこの層は退職し，教職員集団が急速な若返りを見せていくのは，都市部の学校園現場の共通した様相です。

　かつては団塊世代の教職員が過半数を占め，子どもや保護者とのジェネレーションギャップが大きな課題となっていたことも事実ですが，しかし一方

では，ベテランの豊かな実践やスキルは貴重でした。これをうまく若手に継承していかないと，小1プロブレム克服の課題に留まらず，学力保障も学級集団づくりも後退してしまうと危惧しています。

2) 前進した小1プロブレムの認知と「今，そこにある危機」

さて，小1プロブレムの認知はどれほど進んできているのでしょうか？結果は歴然としていました。「小1プロブレムという言葉を知っていますか」という質問に，保育士は62％，幼稚園教員は86％，小学校教員では88％に上っていました。大阪は全国に先駆けて小1プロブレム研究が始まった土地柄であることから，この10年で小1プロブレムの認知が大幅に進んできているのも，うなずけます。

では，今，小1プロブレムの現状はどうなっているのでしょうか。残念ながらその状況は決して楽観視できないものがあります。「今，小1プロブレム状況にある」と答えた小学校教員が6％，「過去5年以内にあった」と答えた教員は8％あり，過去5年以内に小1プロブレムを経験した教職員は合わせて15％近くにのぼりました。7クラスに1クラスが体験しているという深刻な状況です。さらに小1プロブレムの予兆を感じている教職員は34％もいました。合計すれば，約49％もの教職員が5年以内に体験，もしくはその予兆を感じている状況ということになり，小1プロブレムはなお，「今，そこにある危機」だということが分かります。

3) 子ども評価の好転（図1）

さて，第1回目調査では，こちらがたじろぐほど否定的なまなざしを送っていた教職員の子ども評価ですが，今回はどうだったでしょう。相変わらず，80％以上が「あてはまる」「ややあてはまる」と回答した項目は，「おけいこごとが多い」「夜型の生活」「自己中心的」「コミュニケーションがとれない」などで，新設の「自分だけかまってほしい」という項目も，87％に上りまし

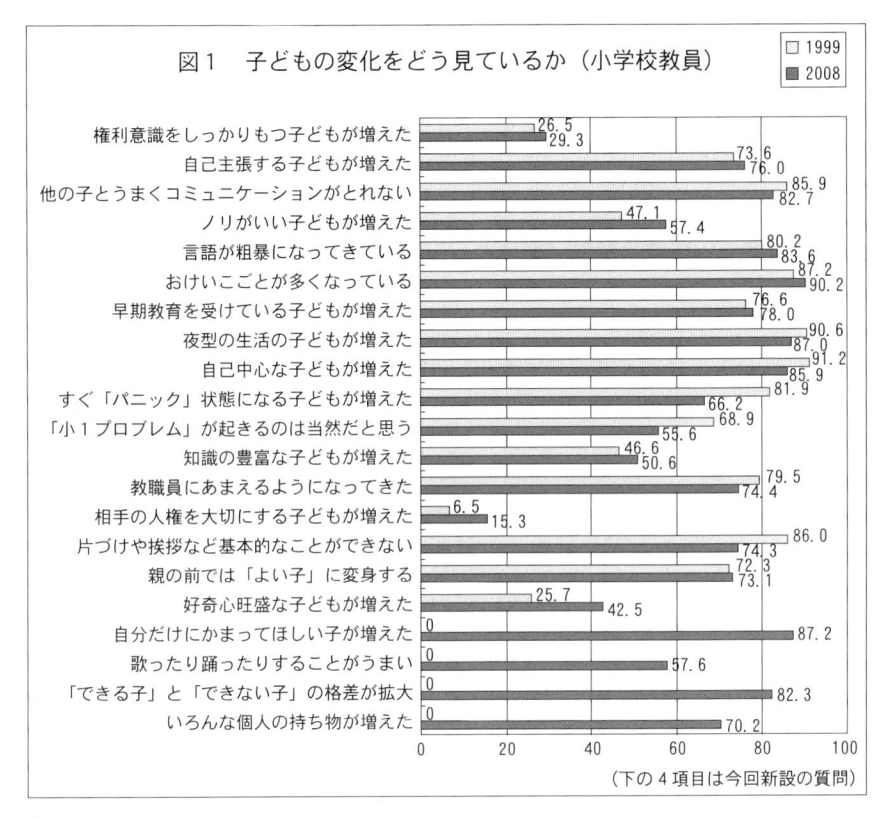

第3章　子ども・教職員・保護者の今〜二つの小1プロブレム・アンケート調査から　51

図1　子どもの変化をどう見ているか（小学校教員）　□ 1999　■ 2008

項目	1999	2008
権利意識をしっかりもつ子どもが増えた	26.5	29.3
自己主張する子どもが増えた	73.6	76.0
他の子とうまくコミュニケーションがとれない	85.9	82.7
ノリがいい子どもが増えた	47.1	57.4
言語が粗暴になってきている	80.2	83.6
おけいごとが多くなっている	87.2	90.2
早期教育を受けている子どもが増えた	76.6	78.0
夜型の生活の子どもが増えた	90.6	87.0
自己中心な子どもが増えた	91.2	85.9
すぐ「パニック」状態になる子どもが増えた	81.9	-
「小1プロブレム」が起きるのは当然だと思う	66.2	68.9
知識の豊富な子どもが増えた	55.6	-
教職員にあまえるようになってきた	46.6	50.6
相手の人権を大切にする子どもが増えた	79.5 / 74.4	-
片づけや挨拶など基本的なことができない	6.5	15.3
親の前では「よい子」に変身する	86.0	-
好奇心旺盛な子どもが増えた	74.3 / 72.3	73.1
自分だけにかまってほしい子が増えた	25.7	42.5
歌ったり踊ったりすることがうまい	-	87.2
「できる子」と「できない子」の格差が拡大	-	57.6
いろんな個人の持ち物が増えた	-	82.3
	-	70.2

（下の4項目は今回新設の質問）

た。

　しかし，今回の大きな変化は，子どもへの肯定的な評価が前回よりも大幅に増加したことです。「好奇心旺盛」（前回比＋17ポイント），「ノリがいい」（＋10ポイント），「相手の人権を大切にする」（＋9ポイント）といった状況で，子どもの評価は好転しています。かつては小1プロブレムに直面すると，「これはいったい何?!」と，教職員自身（特にベテラン）が困惑し，対処に四苦八苦だった時代と異なり，10年間で小1プロブレムの認知も対応も進んできました。小1プロブレム的な状況に直面しても，「これが聞きしにまさる小1プロブレムね」と，対応も覚悟もできている教員が増えてきたと言えるでしょう。この認知と覚悟が，子どもたちの肯定的な面にも目を向けて，

内在する子どもの力を伸ばしていこうという姿勢につながっているのではないでしょうか。また，生活科や学級活動を通して，子どもの自尊感情や人間関係づくりを重視した実践が増加していることも，教職員の子ども観を変化させていると考えられます。

4) 保護者への評価も好転（図2）

保護者への評価では，前回・今回調査ともに多かったのは，「旅行など私的な事情ですぐ休ませる」（89％），「自分の子どもだけしか見えない」（85％），「子どもに過保護だ」（84％）でした。今なお保護者への厳しいまなざしを感じます。

しかし一方で，前回と比べて否定的見方の減少も顕著です。小学校教員の場合，「小さなけがなどに過敏」，「受容とわがままの区別がつかない」，「常識外れの要求」，「基本的生活習慣への配慮が弱い」，「必要以上によい子を要求」，「しっかり遊ばせていない」等，保護者への否定的な見方に同意する回答は，10ポイント以上も減少していました。特に「常識外れの要求をしてくる」という回答は，小学校では15ポイントも減少しており，「モンスターペアレント」と喧伝される昨今ながら，実態は一部の保護者を除き，決してそうではないという冷静な判断を，小学校教員はしているとも捉えられます。

また，「基本的生活習慣を身につけさせる配慮が弱い」という保護者観は，12ポイントも減少しています（小学校）。これは後述する保護者アンケートにおいても，保護者が生活習慣の確立を意識しているという回答が増加していることと合わせて，両者ともに認める項目となっています。近年，基本的生活習慣と学力の関係が明確になってきたことが，大きく影響しているのでしょう。ただ，「虐待傾向の家庭が増えてきた」という項目は，14ポイントも増加しているのが気になります。

いずれにせよ，小1プロブレム世代の子どもや保護者に対する教職員のまなざしは，概して10年前の調査よりやや肯定的な方向に動いています。ジェ

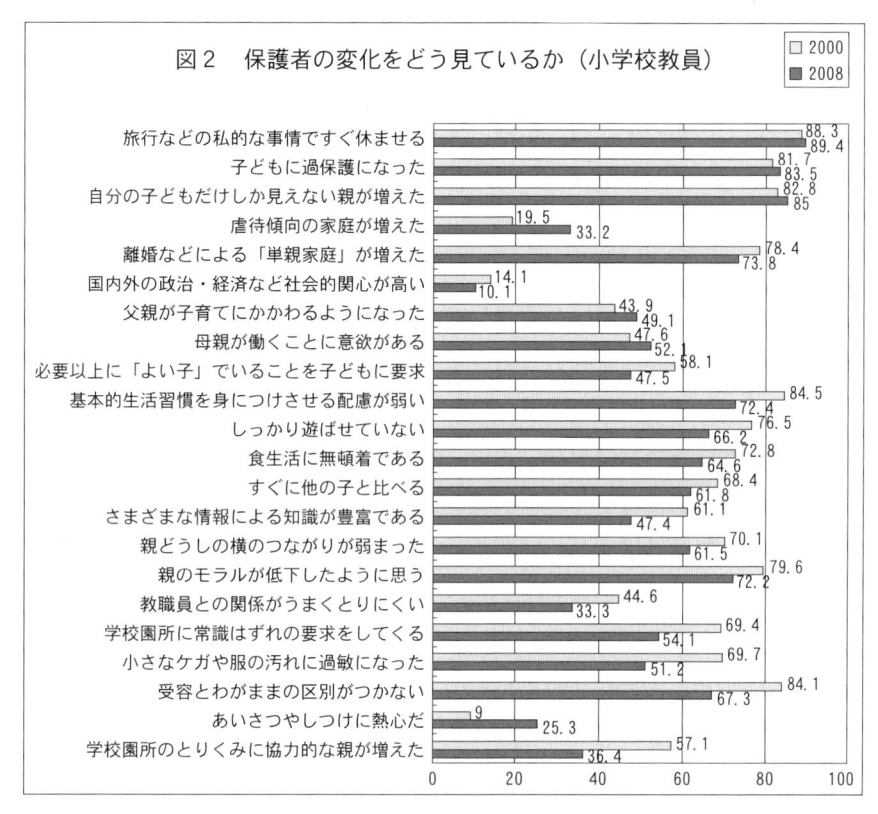

第3章 子ども・教職員・保護者の今〜二つの小1プロブレム・アンケート調査から 53

図2 保護者の変化をどう見ているか（小学校教員）
□ 2000　■ 2008

項目	2000	2008
旅行などの私的な事情ですぐ休ませる	88.3	89.4
子どもに過保護になった	81.7	83.5
自分の子どもだけしか見えない親が増えた	82.8	85
虐待傾向の家庭が増えた	19.5	33.2
離婚などによる「単親家庭」が増えた	78.4	73.8
国内外の政治・経済など社会的関心が高い	14.1	10.1
父親が子育てにかかわるようになった	43.9	49.1
母親が働くことに意欲がある	47.6	52.2
必要以上に「よい子」でいることを子どもに要求	58.1	47.5
基本的生活習慣を身につけさせる配慮が弱い	84.5	72.4
しっかり遊ばせていない	76.5	66.2
食生活に無頓着である	72.8	64.6
すぐに他の子と比べる	68.4	61.8
さまざまな情報による知識が豊富である	47.4	61.1
親どうしの横のつながりが弱まった	70.1	61.5
親のモラルが低下したように思う	79.6	72.2
教職員との関係がうまくとりにくい	44.6	33.3
学校園所に常識はずれの要求をしてくる	69.4	54.1
小さなケガや服の汚れに過敏になった	69.7	51.2
受容とわがままの区別がつかない	84.1	67.3
あいさつやしつけに熱心だ	9	25.3
学校園所のとりくみに協力的な親が増えた	57.1	36.4

ネレーションギャップの少ない若い教職員の増加が、子ども観や保護者観を肯定的なベクトルに動かしている側面もあるでしょうし、また、小1プロブレムの認知や克服・予防のプログラムが広がる中で、教職員の意識も変化しつつあるということではないでしょうか。

5) 保幼小連携の課題

① 保幼小連携の前進

この10年で、小1プロブレム予防・克服のための教育実践や保幼小連携は数多く生まれてきました。たとえば、「入学前の体験入学」を実施しているのは、保82％、幼90％、小65％もあり、「幼小教職員間での引き継ぎ会」の

実施は保75%，幼86%，小65%もありました。また，「保幼行事に，小学生を招待」しているのは，保22%，幼45%，小21%あり，一方で「小学校行事や生活科に，保幼の子どもを招待」は，保23%，幼44%，小57%になっています。さらに，「保幼小教職員の合同研修」も，保16%，幼43%，小26%が実施しています。

　全体をとおして，幼稚園の健闘が目立ち，小学校を意識した取り組みを進めようと努力している傾向が顕著です。逆に，幼稚園が思い詰めているほど，学校側が連携の必要性を感じておらず，幼稚園側はなかなか受け入れてくれない小学校へのジレンマを痛感している様子も透けて見えてきます。

② 　小学校教職員が気づかないズレ（図3）

　保幼の教職員が推測する「入学後の子どもの戸惑い」と，小学校教員が推測するそれとは微妙にずれていることも，分かってきました。たとえば，保幼小教職員ともに共通しているのは，「長い時間，座って話を聞く」，「チャイムで区切られた時間の流れ」で，上位1・2位を占めています。しかし，3位以下の項目が微妙にずれているのです。幼稚園教員は3・4番目に「小学校教師の言葉遣い（指示口調）」（43%）や「むずかしい言葉」（30%）というように言葉の問題を挙げているのに対して，小学校教員は大幅に少なく，「言葉遣い（指示口調）」については，幼と小の差は35ポイントもありました。この言葉遣いや口調，声音は，小学校教員が気づかずに新入生に応対してしまう落とし穴であり，子どもが感じる段差のうちの大きな課題の一つであることは，すでに前章の人事交流の章で述べたとおりです。

③ 　幼稚園教員が気づかないズレ（図4）

　幼稚園では，「小学校を意識した取り組み」について，80%以上が「一斉に話を聞く」，「みんなの前で発表する」，「自分の名前を読める」，「手を挙げて発表する」，「人前で自分の名前が言える」，「数字やひらがなを意識した環境整備」といった項目を選んでいます。また70%以上が「話し合いの時間」「場面に応じたあいさつ」を，60%以上が「左右・上下・前後がわかる」「自

第3章 子ども・教職員・保護者の今～二つの小１プロブレム・アンケート調査から　55

図3　入学直後の1年生は何に戸惑いを感じていると思うか

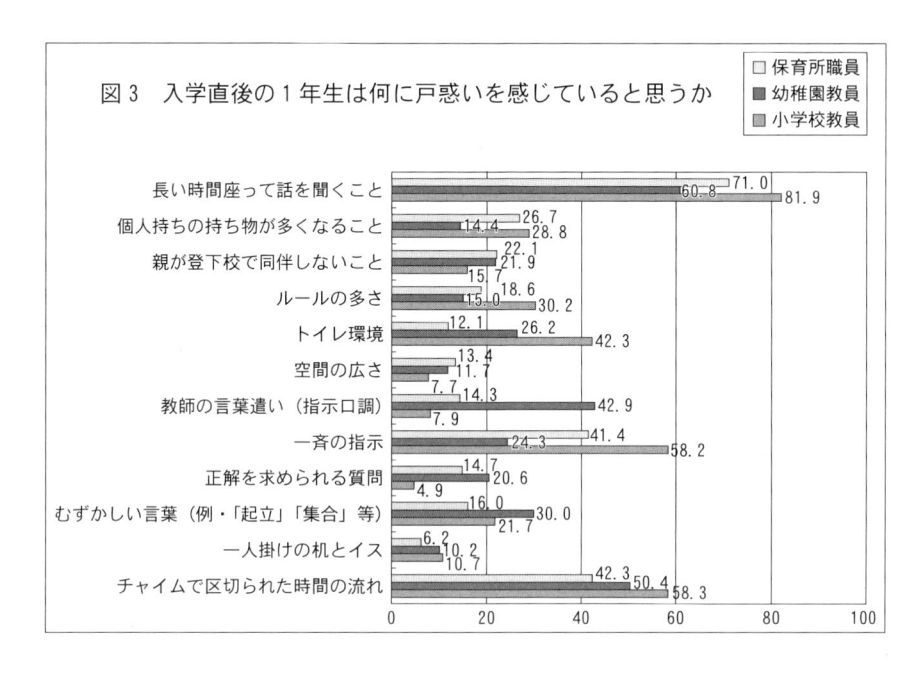

凡例：□ 保育所職員　■ 幼稚園教員　▨ 小学校教員

項目	保育所職員	幼稚園教員	小学校教員
長い時間座って話を聞くこと	71.0	60.8	81.9
個人持ちの持ち物が多くなること	26.7	14.4	28.8
親が登下校で同伴しないこと	22.1	15.7	21.9
ルールの多さ	18.6	15.0	30.2
トイレ環境	26.2	12.1	42.3
空間の広さ	13.4	11.7	7.7
教師の言葉遣い（指示口調）	14.3	7.9	42.9
一斉の指示	41.4	24.3	58.2
正解を求められる質問	14.7	4.9	20.6
むずかしい言葉（例・「起立」「集合」等）	30.0	16.0	21.7
一人掛けの机とイス	10.2	6.2	10.7
チャイムで区切られた時間の流れ	50.4	42.3	58.3

図4　入学を意識した配慮や取り組み

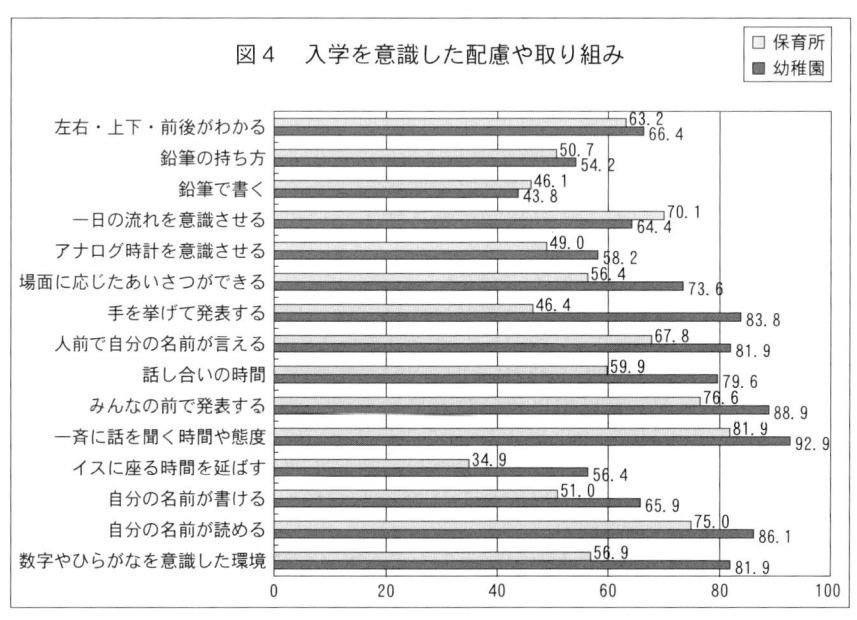

凡例：□ 保育所　■ 幼稚園

項目	保育所	幼稚園
左右・上下・前後がわかる	63.2	66.4
鉛筆の持ち方	50.7	54.2
鉛筆で書く	46.1	43.8
一日の流れを意識させる	70.1	64.4
アナログ時計を意識させる	49.0	58.2
場面に応じたあいさつができる	56.4	73.6
手を挙げて発表する	46.4	83.8
人前で自分の名前が言える	67.8	81.9
話し合いの時間	59.9	79.6
みんなの前で発表する	76.6	88.9
一斉に話を聞く時間や態度	81.9	92.9
イスに座る時間を延ばす	34.9	56.4
自分の名前が書ける	51.0	65.9
自分の名前が読める	75.0	86.1
数字やひらがなを意識した環境	56.9	81.9

分の名前が書ける」「一日の流れを意識させる」を挙げています。就学前教育と学校教育の段差を縮小し，土台となる基礎的な力をつけておきたいという配慮が，幼稚園教員から窺えます。

　しかし興味深いズレは，小学校1年生担任から強い要望が出ている「正しい鉛筆の持ち方」についてです。小学校教員からは，「鉛筆の持ち方指導は短時間しか時間が充てられないので，すでに癖のついた鉛筆の持ち方を，時間をかけて矯正する余裕はない」「お箸の持ち方と一緒で，なかなか直らないので，最初が肝腎」「持ち方が悪いと，筆圧不足や高学年で画数の多い漢字学習が困難」などの意見を寄せています。これに対し，幼稚園教員の回答では，「鉛筆の持ち方」への配慮は54％に留まっています。「そこまでしなくても」「それは学校で指導すること」という考えも根強く，溝はなかなか埋まりません。

　そこで私は，幼稚園や保育所が備えている教材備品の鉛筆には，「もちかたくん」などの名前で商標登録されているゴム製の補助具を着けておくことを奨めています。わざわざ鉛筆の持ち方指導をするのには抵抗感がある園でも，これなら許されるのでは？　と考えます。「鉛筆の持ち方の悪い癖を放置してほしくない」と思っている小学校側も，園側が鉛筆に補助具を装備することで，双方の言い分は近づくのではないでしょうか。後で述べる「鉛筆の持ち方歌」くらいなら，幼稚園で教えてもいいのではないでしょうか。

④　学校を意識した取り組み（図5）

　学校教育を意識した就学前の遊びについては，保幼ともルールのある集団遊びや自然に触れる飼育や栽培，工作や折り紙など，いずれも数多く取り組んでいます。ただ，私は買い物体験が最も少ないのが，気になります。今の子どもは八百屋や魚屋といった商店で買い物をする生活体験が少ないので，買い物ごっこなどを意識的に取り入れる必要があると思います。保幼でのお店屋さんごっこと小学校生活科のそれとでは，発達段階に応じてねらいも異なりますが，第2部で紹介する泉南市の実践は，就学前教育と学校教育をつ

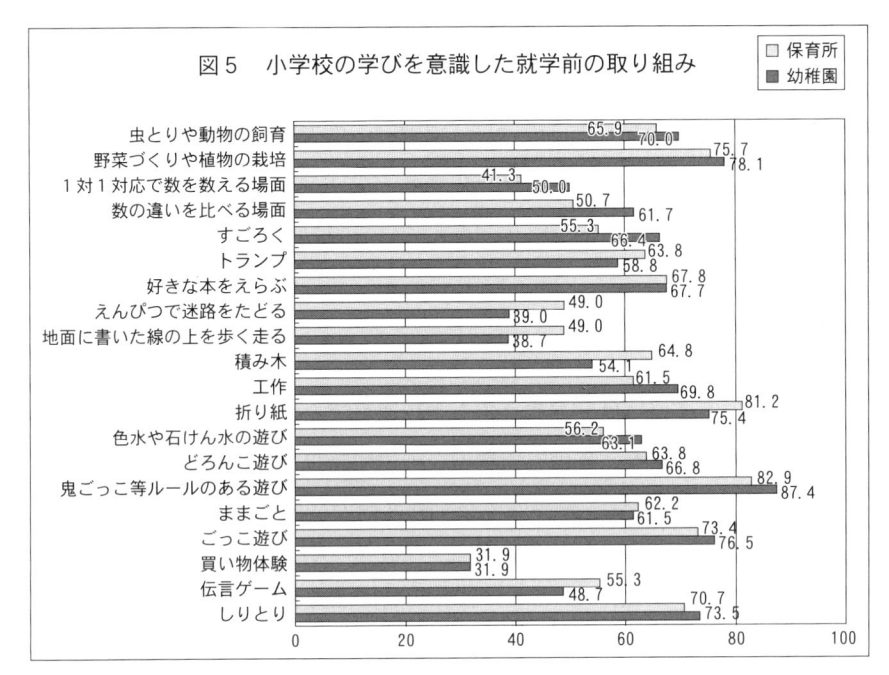

図5　小学校の学びを意識した就学前の取り組み

項目	保育所	幼稚園
虫とりや動物の飼育	65.9	70.0
野菜づくりや植物の栽培	75.7	78.1
1対1対応で数を数える場面	41.3	50.0
数の違いを比べる場面	50.7	61.7
すごろく	55.3	66.4
トランプ	63.8	58.8
好きな本をえらぶ	67.8	67.7
えんぴつで迷路をたどる	49.0	39.0
地面に書いた線の上を歩く走る	49.0	38.7
積み木	64.8	54.1
工作	61.5	69.8
折り紙	81.2	75.4
色水や石けん水の遊び	56.2	63.1
どろんこ遊び	63.8	66.8
鬼ごっこ等ルールのある遊び	82.9	87.4
ままごと	62.2	61.5
ごっこ遊び	73.4	76.5
買い物体験	31.9	31.9
伝言ゲーム	55.3	48.7
しりとり	70.7	73.5

なぐお店屋さんごっこの実践報告です。

福岡県田川市の金川小学校区では，保育所の子どもの遊びが学校でどのような学力と関連していくのかを，「みとり」という作業を通して検証しています。中でも，しりとりと言語認識，アナログ時計・買い物のおつりと数的認知，積み木遊びと空間認知など，いくつかの強い関連性を見せたものを挙げています。今後，保幼小連携をカリキュラム接続の視点から深めていく際に，大いに参考にしたい視点だと思います。

⑤ 『ひらがな』教材や「感情のポスター」教材の広がり

今回の調査では，大阪府人権教育研究協議会が作成した感情のポスター「いまどんなきもち？」が，小1プロブレム予防・克服のために大いに活用されていることも分かりました（保38％，幼55％，小50％）。これは，「自分の感情に気づき，言葉で伝える」，「怒りや悲しみのコントロール」「共感性を高める」などのトレーニングを目的とした，感情を読み解く教材です。次

章で詳しく述べようと思います。

　また小学校では，後でも述べる「くぐらせ期」という学びの助走期の取り組みをしている学校が47％にのぼり，大阪府・市人権教育研究協議会による自主教材『ひらがな』を41％の学校が実践するなど，再び「くぐらせ期」実践が広がりを示しているのも分かりました。これらのことも，後に詳しく述べたいと思います。

6）　子育て支援の前進

　近年，保護者支援は就学前教育でも学校教育でも，大きな課題となっています。今回の調査でも，保護者支援のための組織整備は急速に進みつつある状況が見えてきました。「課題のある家庭支援のための校内組織や専門機関との連携がある」と回答した学校園は，保50％，幼51％，小56％と，過半数前後ありました。また，「子どもの教育活動に保護者参画」を企画している学校園は，幼72％，小40％。「保護者の自主的サークルや保護者会支援」をしている幼稚園は35％に上り，3園に1園以上と，積極的に保護者を巻き込んで，協働子育てをしようとする意図がよく分かりました。

➡ 3　保護者はどう変化したか〜第2回アンケート調査から

　では，もう一つの柱である保護者調査はどうだったのでしょうか。一般的に見ても，この10年で学校園と保護者の関係は大きく変化しつつあります。家庭の社会経済的・文化的階層間格差が子どもの学力格差に反映していることも，広く知られるようになってきました。また，子どもの虐待件数の増加，学校（園）安全の問題，「モンスターペアレント」という言葉さえ出てきた保護者と学校の関係など，学校と家庭が抱える課題は楽観を許さない状況です。

　私は，「学校園は教育サービスの提供者で，保護者や子どもはそのサービ

ス受益者（消費者）である」とか，「だからクレームは当然」といった意見には同意しかねます。教育は，学校園や保護者・子どもたちが共に協力し合って創りあげていくものだと思うからです。保護者や子どもの不安や要求に耳を傾けながら，より良い保育や教育を協働して行うパートナーでありたいと思います。ですから，「保護者や子どもは，学校園の指示に従うべきだ」という一方的な学校園の指導優位の立場も肯定できません。家庭と学校は，あくまでも双方向のパートナーシップ関係をもって，子どもの教育をともに担うものだと考えます。

　保護者の厳しい要求も，じっくり話を聴いていけば背景には子育て不安や孤立して孤独な保護者の気持ちも見えてきます。子どもを真ん中において，学校園と家庭ができうることを共に考える姿勢が第一にあってほしいと思っています。「なんという親だ！」といった批判的まなざしではなく，「子育ては本当に大変だ，一緒に頑張りましょう」という共感的まなざしと程よいお節介。これが，まず必要なのではないでしょうか。

　すでにこのような視点で，学校・家庭・地域が協働して子育てをする地域教育コミュニティ組織も広がりを見せてきました。先進的な地域では古い地縁・血縁は細ってきても，子どもを真ん中にした「子縁」でつながっていこうという，ユニークな取り組みもさかんです。この10年間で前進してきた地域コミュニティづくりのうねりの中で，今回の保護者アンケート調査は行われましたが，調査結果にその成果が現れているかどうか，気になるところです。

　調査方法と調査時期は，教職員アンケートと同様に，府内の全市町村人権教育研究協議会をとおして学校園に依頼し，幼稚園・保育所の年長児と小学校1・2年生の保護者から，回答を得ました。今回も保護者の回答数は20,925人と，膨大な数となりました。自校園の保護者の傾向を知りたいという学校園の希望が強く，結果として積極的に調査に協力したいという姿勢が数字になって表れたということでしょう。回答者は今回も母親が圧倒的に多

く，96％を占めていました。以下に述べる調査結果は，小１プロブレム世代の母親の声として理解して差し支えありません。

1) 母親の晩婚化・晩産化

前回調査と比して，今回，注目されたのは母親の年齢層が上がったことです。母親世代の中心は30歳代ですが，前回調査73％から今回は71％に若干下がり，また20代は９％から６％に減少しました。その一方で40歳代は，前回調査で14％でしたが，今回は22％と上昇し，晩婚化・晩産化の進行がここでも明白です。

母親の就労状況は，フルタイムで働いている人が13％（前回比＋２ポイント），パート労働が26％（前回比＋５ポイント）で，就労する母親が若干増加しているのも，昨今の社会経済的状況を反映しているようです。

2) 子育て満足度の上昇

前回調査では「子育ては楽しい」（73％）けれど，「満足している」のは35％と半減でした。子育て情報過多の中で「かくあるべし」論に縛られ，母親たちが不安や不満を鬱屈させている状況がうかがい知れました。これに対して今回の調査では，「子育ては楽しい」は87％（前回比＋14ポイント）に増加し，「満足している」のも55％（＋20ポイント）と大きく好転しています。

前回調査の頃は，マスコミや社会からの母親バッシングも強く，子育てマニュアルやパーフェクトチャイルド像と我が子の落差に「楽しいけれど満足していない」と回答せざるをえなかった母親たちです。では，10年近くを経て，今回調査で子育ての満足度が上昇した背景に何があるのでしょうか。いくつかの理由が考えられます。たとえば，子育てを楽しもうというライフスタイルや個性重視の社会的な価値観の変化が反映していること。種々の子育て支援策の緩やかな効果。自主的な子育てサークルの広がりの効果。晩産化し，生活体験が豊かな母親が増えてきたことによる子育て観の変化。その他，

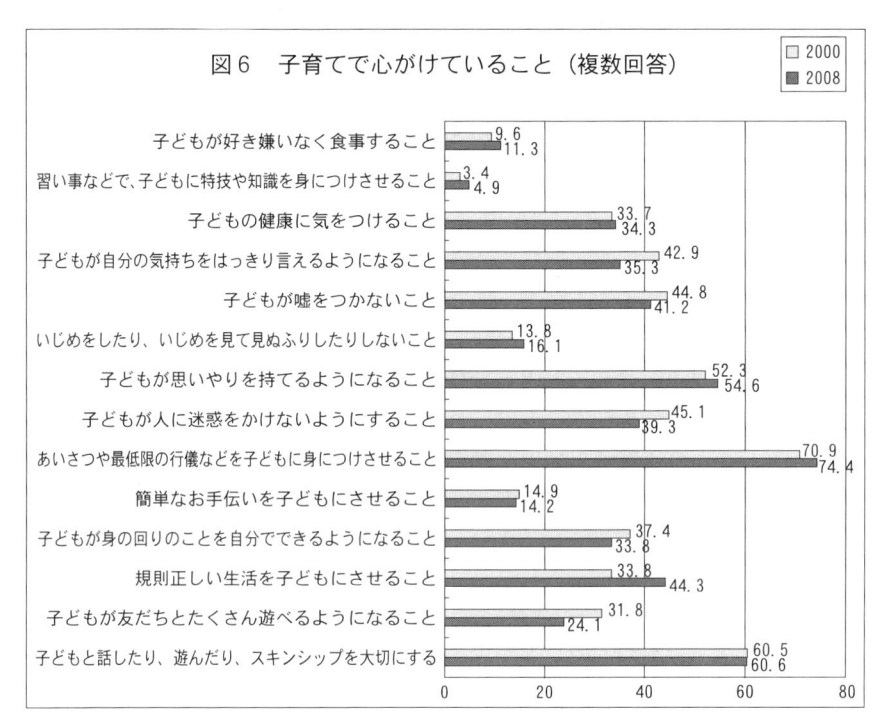

図6　子育てで心がけていること（複数回答）　□ 2000　■ 2008

項目	2000	2008
子どもが好き嫌いなく食事すること	9.6	11.3
習い事などで、子どもに特技や知識を身につけさせること	3.4	4.9
子どもの健康に気をつけること	33.7	34.3
子どもが自分の気持ちをはっきり言えるようになること	42.9	35.1
子どもが嘘をつかないこと	44.8	41.2
いじめをしたり、いじめを見て見ぬふりをしたりしないこと	13.8	16.1
子どもが思いやりを持てるようになること	52.3	54.6
子どもが人に迷惑をかけないようにすること	45.1	39.3
あいさつや最低限の行儀などを子どもに身につけさせること	70.9	74.4
簡単なお手伝いを子どもにさせること	14.9	14.2
子どもが身の回りのことを自分でできるようになること	37.4	33.8
規則正しい生活を子どもにさせること	33.8	44.3
子どもが友だちとたくさん遊べるようになること	31.8	24.1
子どもと話したり、遊んだり、スキンシップを大切にする	60.5	60.6

教職員調査で明らかになったように，教職員の保護者へのまなざしが肯定的で共感的なものに変化していることも，母親の自信につながっているのかもしれません。いずれにせよ，多数の母親たちは子育てを楽しみ，満足感も得ているという調査結果は，今後の子育て支援を進めていく上で，大いに参考にしてほしいところです。

3) 家庭の子育て方針の変化（図6）

さて，「子育てをするうえで，保護者が心がけていること」ですが，前回は「行儀」「子どもとのコミュニケーション」「思いやりのある子に」などが最も多く，ソーシャルスキルやコミュニケーション重視の傾向がありました。今回調査で顕著だったのは，「起きる時間や寝る時間など，規則正しい生活をさせること」が前回調査よりも11ポイントアップと大幅な伸び率だったこ

とです。これは，「基本的な生活習慣と学力向上は深く関連している」という全国学力・学習状況調査の結果が毎年，報道され，学校園も「早寝，早起き，朝ご飯」の啓発に努めたことが大いに影響しているものと思われます。

　その一方で，「友だちとたくさん遊ぶ」（前回比－8ポイント）や「自分の気持ちをはっきり言える」（－8ポイント），「人に迷惑をかけない」（－6ポイント）などの項目が，後退しているのが気がかりです。また，「いじめ」や「お手伝い」の項目が，前回同様，今回も10％台に低迷しているのも気になります。人間関係づくりの力や人権感覚，ソーシャルスキル等を育てることは，今の子どもたちに欠けてはならないことだと思うのですが，それよりも学力向上優先の風潮は，幼児・学童期の子育てにも大きな影響を与えていると思われます。

　前回調査で衝撃的な結果であったのは，「初めて抱っこした赤ちゃんはだれですか？」という質問に「我が子」と答えた母親が7人に1人だったことでした。子育てが未熟であっても不思議ではない状況が浮かび上がり，地域での子育て支援や保育者へのまなざしのありようが問題提起された結果となりました。今回，この同じ問いに「我が子」と答えた母親は12％，つまり8人に一人と，若干の改善が見られました。子ども時代に幼い子どもたちと群れ遊ぶ体験が減少している昨今です。「トライやるウィーク」などの職業体験活動で保育所体験をしたり，家庭科や総合学習で保育体験をするなどの学びも，意図的に増やしていく必要があります。このように学校がしかける赤ちゃん体験は徐々に広がりを見せていますが，この赤ちゃん体験をくぐってくる世代が親になるには，もう少し年数が必要なようです。今後の結果を楽しみにしたいと思います。

4)　子育ての悩みは急増（図7）

　次に，母親たちは子育てについて，どんな悩みを持っているのでしょうか。前回同様，就労形態によって異なった姿が見えてきました。フルタイム就労

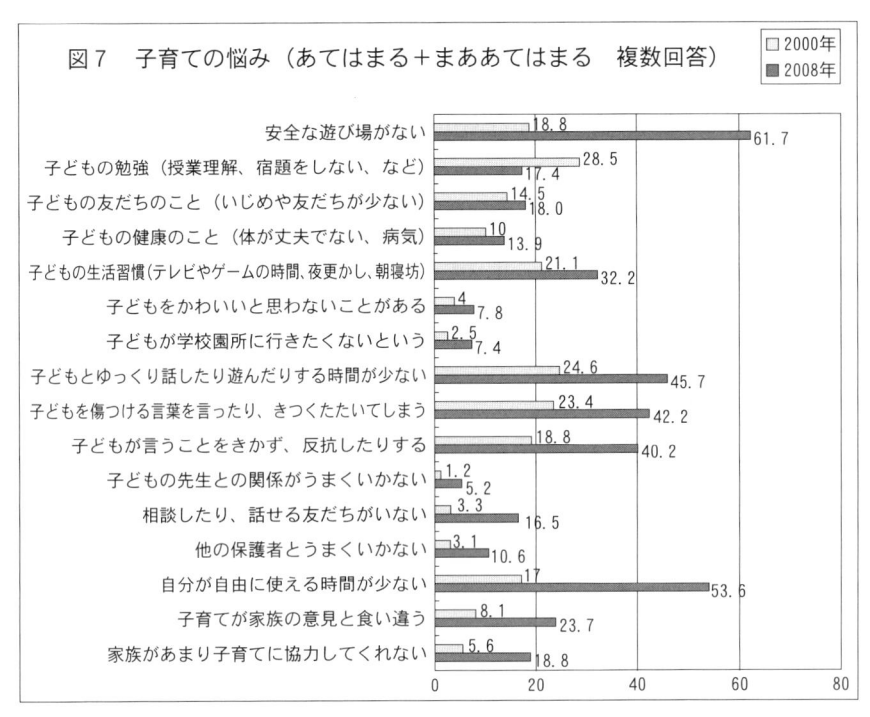

図7 子育ての悩み（あてはまる＋まああてはまる　複数回答）

□ 2000年　■ 2008年

項目	2000年	2008年
安全な遊び場がない	18.8	61.7
子どもの勉強（授業理解、宿題をしない、など）	17.4	28.5
子どもの友だちのこと（いじめや友だちが少ない）	14.5	18.0
子どもの健康のこと（体が丈夫でない、病気）	10	13.9
子どもの生活習慣（テレビやゲームの時間、夜更かし、朝寝坊）	21.1	32.2
子どもをかわいいと思わないことがある	4	7.8
子どもが学校園所に行きたくないという	2.5	7.4
子どもとゆっくり話したり遊んだりする時間が少ない	24.6	45.7
子どもを傷つける言葉を言ったり、きつくたたいてしまう	23.4	42.2
子どもが言うことをきかず、反抗したりする	18.8	40.2
子どもの先生との関係がうまくいかない	1.2	5.2
相談したり、話せる友だちがいない	3.3	16.5
他の保護者とうまくいかない	3.1	10.6
自分が自由に使える時間が少ない	17	53.6
子育てが家族の意見と食い違う	8.1	23.7
家族があまり子育てに協力してくれない	5.6	18.8

の母親は，「自分が自由に使える時間がない」悩みを，パートタイムで働く母親は「経済的な問題」を，専業主婦は「子どもを傷つける言葉やたたく」などの虐待リスクを抱えた悩みを吐露していました。

　全体に，前回よりもどの項目でも母親の悩みは増加しており，「安全な遊び場がない」（前回比＋43ポイント），「自分が自由に使える時間が少ない」（＋37ポイント），「子どもが言うことをきかない，反抗する」（＋21ポイント）「子どもとゆっくり話したり遊んだりする時間が少ない」（＋21ポイント）「子どもを傷つける言葉を言ったり，たたいてしまう」（＋19ポイント）と，いずれも大幅な増加を見せています。

　特に，幼い子どもたちが犠牲になる事件が過剰なまでに報道されると，親の不安は煽られ，「安全な遊び場」を求める気持ちは年々，強まっています。しかし，常におとなたちが見守るなかでしか子どもたちの遊びが成立しない

というのでは、子どもの遊びの自主性や創造性を奪いかねません。子ども世界では、時には激しいけんかも起きるし、また子ども同士で仲直りの仕方も学ぶことができます。年長児がけんかに介入して、仲裁する力も育っていくのです。幼い子どもは、年長のおにいちゃん・おねえちゃんにくっついて冒険もしたいでしょうに、おとなが安全上のコントロールやけんかの回避、仲直りの指示をしてばかりでは、子どもの健全な成長にとって望ましいことではないでしょう。学校園庭開放だけでなく、安全で、子どもの自主性が尊重できる遊び場を、地域にももっとつくっていくために、ここはおとなの智恵の見せ所だと思うのです。

　以上見てきたように、保護者が感じる重圧感は10年足らずの間に、深刻なほど増大しています。それでも、前述したように「子育ては楽しい」「満足している」層が増加しているのですから、「若いお母さんもがんばってるんだ！」と、教職員も地域社会も認めることでしょう。子育て支援の言葉が上滑りにならず、実効あるものにするには、図7に挙げられた項目の数値を吟味し、母親の声を真摯に受け止めることから始めなければ、と思います。

5) 家庭の文化階層・ジェンダー意識と進路期待（図8）

　近年、数種の学力調査分析から、社会経済的・文化的階層間格差が子どもたちの学力格差に反映しているということが明らかになってきました。教育社会学の分野では常識であったことが、社会的にも認知された格好です。

　さて、学力格差は、子どもへの進路期待の格差にまで及んでいます。つまり大卒の親は、子どもに大卒以上を期待し、中卒の親は子どもに大卒を希望する率は少ないという、トラッキングと呼ばれる現象です。社会階層的に同質の出身階層でトラックが構成されていくという事実は、欧米の研究が先行し、日本においてもいくつかの調査でも明らかにされました。親の年収・学歴と子どもへの進路期待は関連しているということです。もちろん、ハングリー精神旺盛で、トラックを上層トラックに変更しようと努力して達成した

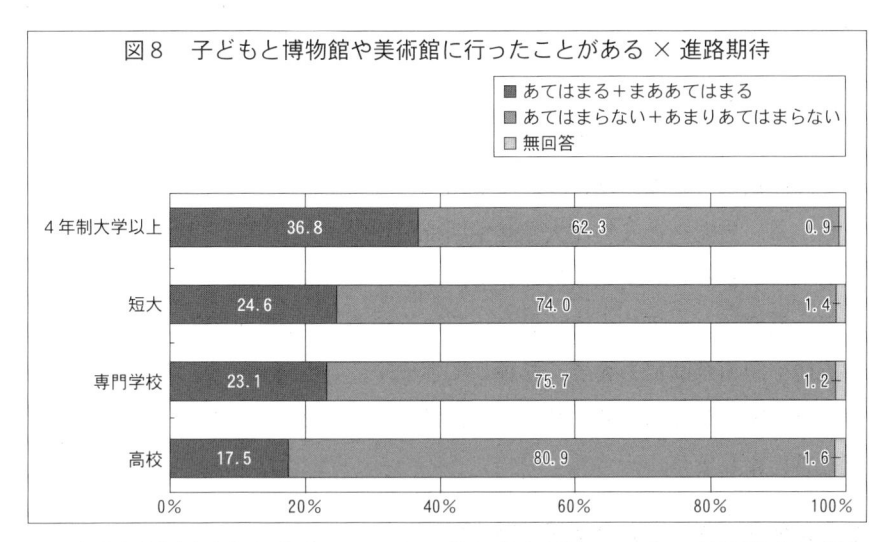

図8 子どもと博物館や美術館に行ったことがある × 進路期待

凡例：
■ あてはまる＋まああてはまる
■ あてはまらない＋あまりあてはまらない
□ 無回答

- 4年制大学以上：36.8／62.3／0.9
- 短大：24.6／74.0／1.4
- 専門学校：23.1／75.7／1.2
- 高校：17.5／80.9／1.6

という個別事例はありますが，マクロ的に見ればトラッキングは現実に起きている現象です。家庭背景の厳しい子どもたちへの教育の下支えが大きな課題となっているのです。

　そこで，今回の保護者調査では，家庭の文化階層を計る項目を，新たに導入してみました。最近の調査で家庭文化を問う項目としてよく使われる，「子どもに手づくりお菓子をつくったり，一緒に料理を楽しむ」，「絵本の読み聞かせをしたり，子どもと一緒に読書する」，「子どもと一緒に文化・芸術に触れる機会（博物館・美術館など）を持つ」，「テレビのニュース番組を一緒に見る」などの項目です。当然のことながら，これらの項目は専業主婦の保護者層が最も多く「あてはまる」と回答しています。この層は時間的余裕だけでなく，経済的にもある程度余裕のある層だからです。

　さて，「家庭の文化階層」と「子どもへの進路期待（高校まで，専門学校まで，短大まで，4年制大学以上を希望）」を関連づけて分析してみると，「絵本の読み聞かせや一緒に読書」と「一緒に博物館や美術館」の項目において，顕著な関連性が見えてきました。最も顕著だったのは，図8の「一緒に博物館や美術館」に「あてはまる」＋「まああてはまる」と回答した保護者

です。「あてはまる」親ほど，子どもに高学歴を希望することが分かります。同様に，「絵本の読み聞かせや一緒に読書」でも，「あてはまる」「まああてはまる」と回答した親の進路期待は，4年制大学期待のうちの78％を占めており，高校までの進路期待の60％と比べても明確に差がありました。

しかも，男児への4年制大学進学期待が10ポイント以上も女児より高いことも分かりました。幼児期において，すでに親の進路期待は文化階層やジェンダー意識によって，大きく異なっているのです。進路期待は，子どもの自尊感情や学習意欲にも大きく影響してきます。学力形成における階層間格差やジェンダー意識の影響について，保護者とともに考えていくべき教育課題だと言えましょう。

6) 保護者と学校園との関係（図9）

保護者は学校園との関係をどのように受け止めているのでしょうか。前回同様，保護者の約8割は，「学校園での子どもの遊びや学習状況を把握している」と思っており，保護者参観にも積極的に参加しています。また9割以上の保護者が学校のプリント類を読み，7割以上が「先生に相談できる」と回答しました。ここまでを読み解く限りは，保護者と学校園との関係は良好かと思えます。

しかし，「しつけや教育のことで，先生と意見が合う」のは56％に留まり，学校園とぎくしゃくする種々のトラブルになる可能性も垣間見えます。また，子どもの教育について，「家庭と学校のどちらが主に役割を担うのか」については，微妙に意見が割れてくるのです。「主に家庭の役割である」と回答している項目は，「好き嫌いをしない」，「忘れ物をしない」，「宿題をさせる」，「マナーを身につける」，「人に迷惑をかけない」などでした。「宿題」と「忘れ物」は「主に家庭で」が5ポイントほど，前回調査よりも上回り，やはり学力と生活習慣・学習習慣の関連を意識した保護者の意識が読み取れます。

一方，前回より後退が目立つのは，「学校園での子ども同士のけんかの仲

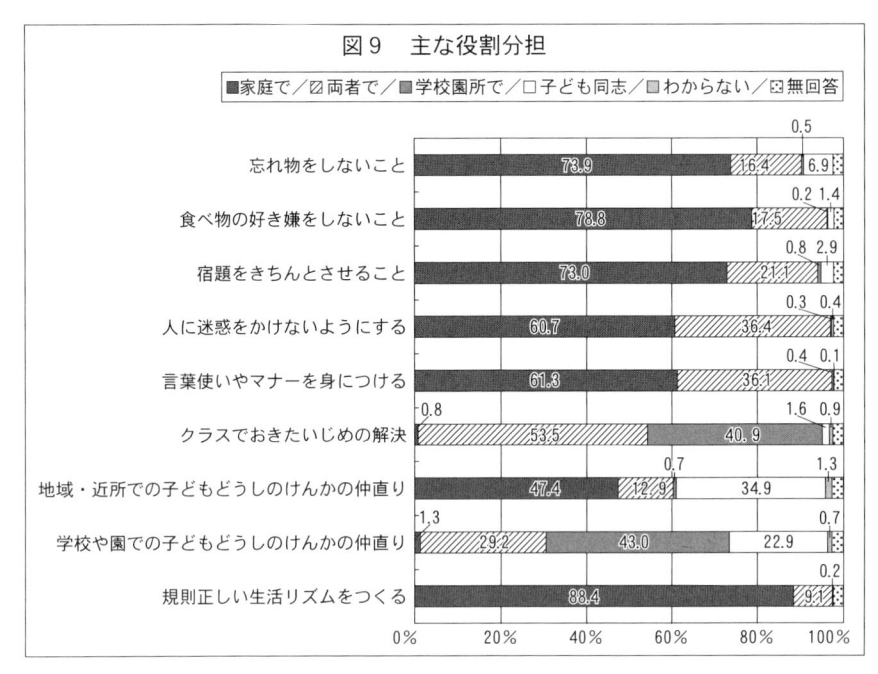

第3章 子ども・教職員・保護者の今〜二つの小1プロブレム・アンケート調査から 67

図9 主な役割分担

■家庭で／▨両者で／■学校園所で／□子ども同志／▨わからない／⊠無回答

項目	家庭で	両者で	学校園所で	子ども同志	わからない	無回答
忘れ物をしないこと	73.9	16.4		6.9		0.5
食べ物の好き嫌をしないこと	78.8	17.5			0.2	1.4
宿題をきちんとさせること	73.0	21.1			0.8	2.9
人に迷惑をかけないようにする	60.7	36.4			0.3	0.4
言葉使いやマナーを身につける	61.3	36.1			0.4	0.1
クラスでおきたいじめの解決	0.8	53.5	40.9		1.6	0.9
地域・近所での子どもどうしのけんかの仲直り		47.4	12.9	34.9	0.7	1.3
学校や園での子どもどうしのけんかの仲直り	1.3	29.2	43.0	22.9		0.7
規則正しい生活リズムをつくる	88.4	9.1				0.2

直り」をめぐってです。「家庭で」，「学校園で」，「両方で」を合わせると74％を占めました。「子ども同士で」解決させようとする意向を持つ保護者は，わずかに23％しかなく，前回調査より7ポイント以上も後退しています。幼年期の子どものけんかさえ，おとなの介入を必要と考えている保護者が多数を占めるということに，少し危惧しています。子どものけんかが保護者同士のトラブルに発展することを怖れて，子どものけんかに早々とおとなが介入してしまうことは，結局のところ，子どもの人間関係を育む力や問題解決能力，自己決定力やひいては自主性を奪うことになりはしないでしょうか。思春期の複雑なトラブルとは異なり，幼年期のけんかは「人間関係トレーニングの一つだ」と考えて，おとなが介入せずに見守る姿勢も必要だと思うのですが。

また，いじめや仲直りの項目で「学校園と家庭の両者で」解決しようという保護者の希望が強く見られます。両者に良好なラポールが形成されている

ときはスムーズに進むでしょうが，関係が疎遠であったり，ぎくしゃくしていると，たちどころに微妙なズレが生じ，その解決に多くのエネルギーが必要になってきます。「両者で」解決しようという保護者の意志を尊重し，日頃から関係性を良好に保つ努力は欠かせません。

7) 学校園への要望（図10）

　学校園に対しての要望では，「ＰＴＡルームなど，気楽に集まれる場所」（49％），「授業や学校の取り組みに関わる機会」（30％），「ボランティアサークル」や「子育てについて気楽に相談できるカウンセラーの配置」（27％）などでした。教育への参画など，積極的な要望や意見も多く，第三者による相談機能を求める声は前回同様，根強いものでした。学校園がこれらの要望に応えてこそ，保護者や地域とのつながりをより堅固なものにすることができるのでしょう。

　さらに，今回調査でも「学校園への要望」「入学への不安」について文章表記の欄を設けましたが，ここにも膨大な量の学校園への不満や不安が寄せられました。保護者が小学校入学時に抱く不安は，「学校でいじめに遭わないか」「通学路の安全」「不審者対応」「ひらがなや時計が読めないまま入学させたこと」「近くに身内がいないので，相談できる人がほしい」等です。なかには，「病気になったら気軽に病院に行けるように，経済的に何とかしてほしい」「塾に行かなくても良いように補習をしてほしい」というシングルマザーの深刻な声も寄せられました。「子どもの貧困」が注目される中，こうした声に学校園でできることと行政支援の必要なことについて，教職員

図10　学校園への要望（複数回答）

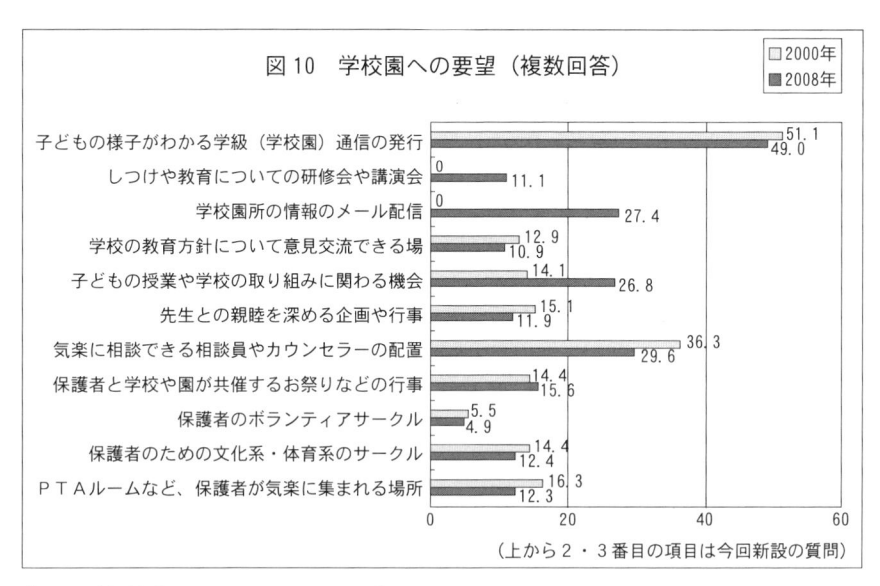

項目	2000年	2008年
子どもの様子がわかる学級（学校園）通信の発行	51.1	49.0
しつけや教育についての研修会や講演会	0	11.1
学校園所の情報のメール配信	0	27.4
学校の教育方針について意見交流できる場	12.9	10.9
子どもの授業や学校の取り組みに関わる機会	14.1	26.8
先生との親睦を深める企画や行事	15.1	11.9
気楽に相談できる相談員やカウンセラーの配置	36.3	29.6
保護者と学校や園が共催するお祭りなどの行事	14.4	15.6
保護者のボランティアサークル	5.5	4.9
保護者のための文化系・体育系のサークル	14.4	12.4
ＰＴＡルームなど，保護者が気楽に集まれる場所	16.3	12.3

（上から2・3番目の項目は今回新設の質問）

集団で協議することは不可欠です。

　また，特別支援の必要な子どもの保護者からは，「もっと手厚く」という切実な声が挙がっているのに対して，そうでない保護者からは「特別扱いしすぎる」や「乱暴な行為や授業を混乱させる行為にきちんと対応を」といった声が挙がるなど，特別支援教育の課題にも多様な要望が寄せられました。

第4章 「くぐらせ期」とスタートカリキュラム

1 学びのスタート

　就学前教育と学校教育の段差や，小1プロブレム世代をめぐる教職員・保護者の意識の変化などを見てきましたが，この章ではさらに段差を縮小するためのカリキュラムの接続について，考えてみたいと思います。

　さて，小学校入学間もなく，子どもたちが出会うひらがな学習を例にとってみても，そのハードルはけっして低くありません。まず，次の図11をご覧ください。大阪・泉南市にある隣接した2つの小学校が協力して20年以上に渡っておこなっている「ひらがな実態調査」です。厳しい家庭背景を持つ子どもたちが多く在籍するこれらの小学校では，毎年4月当初に，教師が新入生一人ひとりと面談しながらひらがなの実態調査をしています。もちろん，両校が入学前にひらがなが読めることを前提としているわけではありません。学びのスタート地点は子ども一人ひとりが違っているので，新学期から子どもたちがつまずかないように子どもたちの実態を知っておこうという意図から，行っている調査です。

　この図は，「読み」を横軸に，「書き」を縦軸に取っていますが，横軸の「読み」を見ても大きな特徴が表れています。ひらがなを80％以上読める子どもが大きなグループになっている一方で，「読み」が20％未満という子どもたちもひとかたまりいて，2極化していることがよく分かります。この20年間を比べてみても，「読み」が20％未満だった子どもは，1990年代は6.6％だったのに対し，2000年代になると10.6％と4ポイントも増加していることが分かりました。この2つの小学校に限らず，6月になってもまだ，ひらがなの読み書きが十分ではない子どもは，一人や二人ではありません。特に，

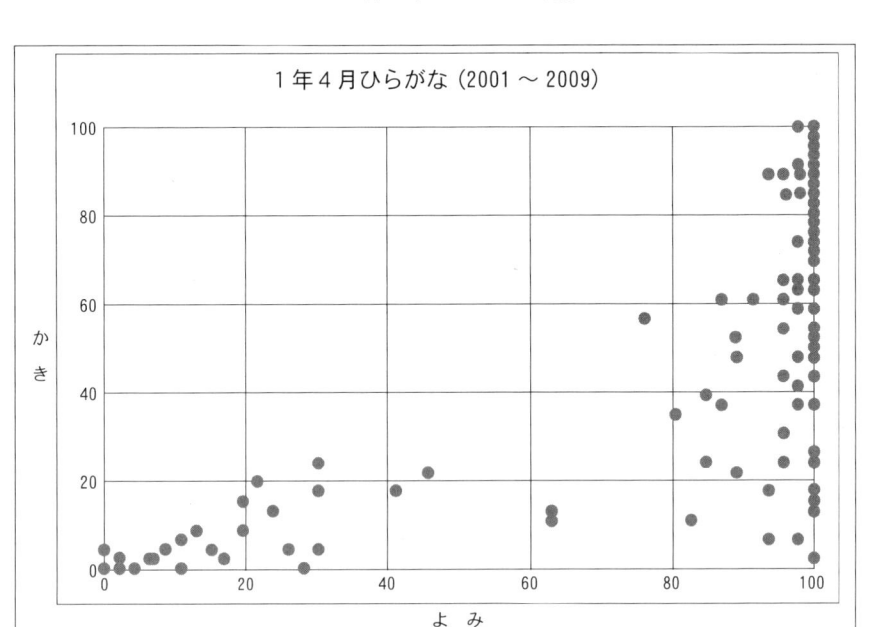

1年4月ひらがな (2001〜2009)

●図11　新学期のひらがな読み書き調査

　幼い頃に絵本の読み聞かせ体験が乏しく，家庭文化が文字環境から遠いところにある子どもたちにとって，ひらがな獲得は私たちが考えるほど容易ではないのです。これらの小学校では，新聞を毎朝，取っていない家庭も多く，取っていてもスポーツ新聞という現状が報告されています。家庭的背景の厳しい子どもたちはもちろんのこと，さらに，軽度発達障害や知的障害のある子ども，またニューカマーの子どもたちとなれば，ひらがな習得の困難度が高まることは想像に難くありません。

　文字や言葉だけでなく，数的な認知や生活体験の未熟さも気になります。上記の二つの小学校の入学時調査では，「100円玉1個と10円玉7個の大小比較」について，半数以上の子どもが分かりませんでした。前述した福岡県田川市立金川小学校でも同様の報告がなされています。生活科で買い物ごっこをした子どもたちが，お札を支払って小銭のおつりをたくさんもらったときに，「お金が増えた」と喜んだという報告です。子どもを近くの店にお遣い

に行かせることもなくなった昨今です。対面式の店での買い物が減り，スーパーのレジで一括支払いをするといったライフスタイルの変化も大きいでしょう。こうした日常生活体験の貧弱さが，おつりで「お金が増えた」と喜ぶ子どもの姿に表れています。

　また，入学してきた子どもたちの体の硬さや手先の不器用さ，すわる姿勢が保てないなど，体の未熟さも気になります。幼稚園や保育所でも，ボタンやファスナーが留められない，みかんの皮がうまくむけなくて，細かくぼろぼろに剥いてしまう，登園時に着替えた上着をハンガーにバランス良く掛けられないなど，指先の不器用さが指摘されています。遊びの場面をとってみても，鬼ごっこで，するりと鬼をかわせない，ドッジボールではボールをよけられないどころか，手で払いのけることもできずに，顔面にボールの直撃を受けてしまう等々，体の敏捷さやしなやかさも気になります。

　文科省が毎年おこなっている「全国体力・運動能力，運動習慣等調査」の結果においても，「昭和60年当時の子どもより50％以上の子どもたちが平均を下回った」という報告がなされています。地方よりも都市部がその傾向は強いようですが，その背景には，遊ぶ仲間・時間・空間といった「遊びの3間」が細り，一人でゲーム遊びをする傾向や，子どもの安全面から戸外での遊びを制限せざるを得ない保護者の意向も反映していると言えましょう。学習指導要領が体育科に「体ほぐし」を取り入れたことも，道理にかなったものだと思います。

▶ 2　「くぐらせ期」を小1プロブレム世代に

1)　「くぐらせ期」の誕生

　以上のような，小1プロブレム世代の体のしなやかさ・敏捷性の未熟さは，ひらがなの読み書きとは全く別物のように思えることですが，実はそうでは

第4章 「くぐらせ期」とスタートカリキュラム　73

ありません。体の機能を拓いていくことと，言葉や文字の獲得は，深いところでつながっていることを，すでに1970年代の大阪の同和教育に関わる教師たちは，見抜いていました。そして，これを「体ぐるみの賢さ」と呼び，入学間もない1学期当初に取り組んできました。この「体ぐるみの賢さ」とは，『ことばが劈かれるとき』（ちくま文庫）を著した演出家，竹内敏晴さんや，『からだぐるみのかしこさを―新たな人間関係の創出へ向けて―』（新泉社）を著した，つるまき体操のつるまきさちこさんなど，先人たちの理論や実践に学びつつ，形づくられてきた概念です。そして，この学びの助走期とも言えるこの時期を，当時の教師たちは「くぐらせ期」と名付けて，興味深い理論と実践を創りあげたのです。

　「くぐらせ期」は，「幼児期に体験しそびれた体験や学びをくぐりなおす」という発想から名付けられたものです。子どもたちの学びは小学校入学時に一斉にスタートするのではありません。誕生から小学校入学までの6年間の育ちは多様であり，新入期のスタートラインは一線ではありません。発達段階に応じた体験や知識・技能の獲得が不足・欠如している子どももたくさんいます。

　1970年当初に同和地区を校区に有する小学校の教員たちは，小学1年生が平等なスタートラインに立って，一斉にスタートしているのではないことに気づいていました。そのころまでの同和地区には，差別や貧困から義務教育すら終了できずに，文字が読めないまま成人した親（特に母親）たちが多く存在していました。当然のことながら，家庭での子育てにおける文字環境は貧弱で，非識字の親たちは子どもに絵本の読み聞かせをしてやることも，テレビの文字情報を読み解いてやることもできませんでした。新しい文房具や教科書に子どもの名前を書いてやることも，ままなりませんでした。非識字者であるために親の就労は不安定で，一日中，体を酷使する毎日は，子どもの子育てや教育に関心を払う余裕すら奪っていたと言えます。このころ，新任教員として同和地区を含む中学校に赴任した私の学級にも，非識字者の親

を持つ子どもたちは多くいました。学級通信や学校からの通知書類などがあるときは，私たちは家庭訪問をして伝えていきました。母親たちと話し込むことで，新任教員だった私は生きた同和教育をしてもらったことになります。同和地区の親たちや子どもたち

▲『ひらがな』教材の表紙

から学んだ貴重な体験が，その後の教師生活を方向付けてくれたと言っても過言ではありません。

　このように，当時の同和地区家庭から入学してきた子どもたちは，スタート時点から文字獲得に不利な状況にあり，平等なスタートラインに立てるはずがありませんでした。子どもたちの育ちの中には，入学前からすでに学びの不平等が歴然としていたのです。同和教育では，「差別の実態に深く学ぶ」「子どものあるがままの実態から出発する」という視点が大切にされてきました。つまり，当時の教師たちは，同和地区の新入生がひらがな学習において，すでに不利な状況であること，その背景に部落差別に起因する「学びの不平等」があることを見抜き，その克服への取り組みを開始していったのです。幼児期にくぐりそびれた体験をあらためて「くぐりなおし」，知識・技能を獲得させる実践です。こうした「くぐらせ期」の取り組みの中で作られたのが『ひらがな』（現　大阪府・市人権教育研究協議会作成）という自主教材でした。

　そのコンセプトはあとで詳述するとして，一言で言えば文字指導に向かう助走として，まずは体や声を解放しながら，生活体験のくぐりなおしを進めてことばを豊かにし，そしてやっと鉛筆を持って，文字指導に向かうという，大きな広がりを持った構成となっています。

2）小1プロブレム世代の新しい「くぐらせ期」

　40年前に生まれた「くぐらせ期」実践は，現代的な視点で見ても新鮮な指導法を提起してくれています。くぐり直すべき体験が不足している子どもたちは，小1プロブレム世代にもたくさんいるからです。先に挙げたように家庭の階層間格差が子どもの学力格差を引き起こしているという知見をもってしても，一人ひとりの子どもの学びのスタートラインを確かめ，どの子にはどの体験が不足しているのか，見極めながら1年生の授業を組み立てていくべきでしょう。たとえば，ひらがな獲得一つを取ってみても，絵本の読み聞かせの体験が少ない子，図書館に行った経験の乏しい子，家庭が新聞購読していない子等々，今もなお文字文化から遠いところで育ってきた子どもたちがいます。ニューカマーの子どもたちにとっては，いっそう異文化のひらがな獲得には困難が予想されます（文科省の2008年度「日本語指導が必要な外国人児童生徒の受入状況等に関する調査」によれば，日本語指導の必要な外国人児童生徒数は，調査開始以来最多の28,575人となっています）。その他，特別支援の必要な子どもたちにとっても，同様の視点で取り組みを進めることが求められていると言えます。

　さらには，子どもたちが体を使って，フルに五感を働かせた遊びも細ってきている昨今です。子どもたちのまわりには，水・泥・砂・粘土・紙・紐・毛糸・木ぎれ・釘・糊・布・発泡スチロール・ゴム・草花・葉・木の実・小枝など，挙げればきりがないほど，遊びの素材があります。固い・柔らかい・どろどろ・ぽにょぽにょ・にょろにょろ・臭い・いい匂い・冷たい・軽い・重い・かわいい・ちっちゃい……。さまざまな素材を使って，五感を十分に働かせる体験をくぐり直すこと。一人遊びだけでなく，集団で体や智恵を使った遊びをとおして，体をしなやかに拓いていくこと。けんかや協力をとおして人間関係づくりを学んでいくことなどなど。こうした遊びや体験をとおして学びを豊かにしようとすることを，「体ぐるみの賢さ」という言葉

▲図12 「いま，どんなきもち？」と「同2」

で表現した先輩教師たちの洞察の深さには，敬服します。今どきの子どもたちにも，必要なことだと痛感しています。

　私たちは，小1プロブレム研究を始めたときから，この「くぐらせ期」の理念と実践を，今どきの小1プロブレム世代にも活かしていこうと考えました。従来の「くぐらせ期」指導に加え，今どきの子どもたちに必要な感情のコントロールや人間関係トレーニングのプログラムも強化しました。就学前教育と学校教育をつなぐ視点から，生活科も活用して，生活認識・社会認識・自然認識を広げたプログラムも研究テーマに挙げてきました。そして，「くぐらせ期」を活かした一連の新入期のカリキュラムを，「スタートカリキュラム」として開発を進めていこうとしています。

　たとえば感情（情動）を読み解く（エモーショナルリテラシー）教材として，大阪府人権教育研究協議会が作成した「いま，どんなきもち？」というポスターがあります。このポスターを活用したプログラムは，今や，大阪府内はもちろんのこと，他府県でも大いに活用されています。2009年にはその

第2作目も完成しました（図12）。両方ともに，ポスターの後ろにはそのマニュアルガイドや実践用のワークシートが付いているのも魅力です（このポスターは，同協議会ホームページから，教材目的ならダウンロードも可能です）。

　感情のリテラシーとしては，次のような項目が大切だと思っています。
① 自分の感情に気づき，言葉で伝えることができる
② 非言語コミュニケーションができる
　相手の態度や表情，声音を読みとる（フェイス リーディング）
③ 感情はどれも大切で，良い感情や悪い感情はないということを理解する
④ 怒りや攻撃性のコントロールを学ぶ
　怒りに支配されない，暴発しないこと
　自分に合った怒りのずらし方やクールダウンの仕方を見つける
⑤ 対立は必ず起こるけれど，その対立の越え方を学ぶことができる
　アサーティブにいこう
⑥ 人の感じ方はさまざまで，自分と同じとは限らないことが理解できる
⑦ 「聴いてもらう心地よさ」は子どもの自尊感情形成の基礎である

　自分の気持ちを読み解き，言葉にして相手に伝えられることは大切なことですが，人間関係トレーニング不足の小1プロブレム世代にはなかなか難しいことです。つい，「ムカつく，あほ，ボケ，カス，死ね！」などの不快感を示す言葉を，機関銃のように吐いて，挙げ句にはけんかに発展してしまいます。自分の気持ちの奥にある気持ちを読み解くことはなかなか難しいことですし，その不快の理由を自覚することはもっと難しいことです。そんな気持ちを読み解く手伝いをしてくれるツールが，このポスターなのです。

　たとえば，終わりの会やサークルタイムで，泣きたい気持ちをポスターのイラストを利用して，「私の気持ちは『ぐすん』です，なぜかというと，さっきアキちゃんに『あほ』って言われたからです」と，言葉で伝えます。まわりから共感や同情が返されたり，相手からお詫びの声を聞くことができた

りすることで，周囲との共感的な関係が深まることを目指しています。

　ある教室で，すぐに暴力をふるう子どもが，「僕の気持ちは『ムカつく』です。なんでか言うたら，筆箱を落としたし，プリントが破れたからです」と，何事もうまくいかずに苛立たしい気持ちを話しました。きっと話した本人自身が，今，自分が苛ついている理由をはじめて気づいて，言葉にできたのかもしれません。もっと深いところにある怒りの原因にも少しずつ近づけて，怒りのコントロールや怒りのずらし方も学べるよう，教師も支援していくことが必要でしょう。その過程で，まわりの子どもたちとの相互理解や共感性が形成されることを目指したいと思います。

　「怒ってもいいよ。泣いても，悲しんでもいいんだよ。でも，怒りや悲しみに支配されて，自分や他人を傷つけないで。自分の怒りや悲しみを，イラストの吹き出しに書き込んでごらんよ。話してごらんよ」そんなメッセージが，教室のポスターから伝わってくれば，しめたものです。

　今，保育園・幼稚園や学校では，このポスターをカードやさいころ，ペープサートにアレンジして，よく使っています。「これほど自分流に工夫して使われている教材は少ないのでは？」と自負しているところです。

　そのほかにも，特別支援の必要な子どもたちのコミュニケーションツールとしても，このポスターは有効です。特に，特別支援の必要な子どもたちは，人間関係がうまく形成できずに二次障害を引き起こしてしまうことがよくありますが，このポスターを使って，子どもたちの相互理解と共感性を高める取り組みをぜひ進めてほしいと思います。

➡ 3　「くぐらせ期」のひらがな学習

　では，40年間育まれ，改良されてきた「くぐらせ期」のひらがな指導を，くわしく見てみましょう。『ひらがな』教材は，民間研究団体である教育科学研究会・国語部会の研究やそれにつながる明星学園・国語部会が作成した

『にっぽんご1　もじのほん』や須田清の『かな文字の教え方』（むぎ書房）などを参考にして，編成されていきました。何度かの改訂を経て，子どもたちの実態に合わせながら，今の形に落ち着いていきました。今も大阪では，「くぐらせ期」実践を小学校新入期に積極的に取り組んでいる学校も多く，人権教育研究協議会主催の研修会で，そのメソッドが継承されています。特に小1プロブレムの課題が顕在化する今は，人間関係作りや感情のリテラシーなどの新しい項目も加えながら，新たな「くぐらせ期」実践が進められていることは，すでに述べました。

「くぐらせ期」実践は，新入生たちにいきなり鉛筆を持たせて，「あいうえお」を書かせるわけではありません。ひらがな習得は言葉が豊かに育っていることと無関係ではないからです。言葉は声に出して伝えあうことでより豊かになります。伝えあう行為には，伝えたいこと（体験や感情）や伝えたい人がいてこそ成立するものです。さらには，声を出すには，体が拓かれていかなければなりません。つまりは，体・声・感情・生活体験・人間関係づくり・ソーシャルスキルなど，総じて「体ぐるみの賢さ」を獲得しつつ，ひらがな習得へと誘（いざな）っていこうとする体系が，「くぐらせ期」のひらがな指導です。なお，これから具体的に見ていく「くぐらせ期」の学びの順序は，必ずしも単線化して厳密な順序があるわけではなく，同時進行的に複線化されており，行きつ戻りつ，体験を積み重ね，合科的に進められるメソッドです。

1）　言葉と声

「ひらがなの読み書きでつまずく」ということは，スムーズにひらがな習得をしてきた人にとっては理解しにくいことかもしれません。しかし，6月を過ぎても，ひらがな習得が十分でない子どもたちは一人や二人ではありません。文字を知る前には，様々な生活体験をとおして言葉の獲得が必要です。言葉を話す過程は，さかのぼれば乳児期のクーイングと呼ばれる赤ちゃん独特の発声，そしてやがては「バ」「ダ」「ブ」などの唇や舌をさかんに使った

破裂音の発声，やがては「あーあー」と言いながらの指さしへと成長していきます。「あー」と指さしたことに対して，まわりのおとなたちが「あれはワンワンだねえ」などと応答していくことで，コミュニケーションはどんどん広がっていきます。声を出す行為は，ヒトが人としてコミュニケートしていく第一歩であり，言葉を獲得するために大切な行為です。

そこで，「くぐらせ期」の指導ではまず，唇をしっかり使って「あ・い・う・え・お」と発音し，自分の声を確かめてみます。舌を口の中で左右にしっかり動かして「飴玉がほっぺたにあるんだよ」「大きな飴玉だ」「梅干の種もあるよ」と，お互いに見せ合ったり，舌をつきだして上下左右に動かしてみたりと，唇や舌のトレーニングもします。

声を出すという行為は，自分で声量をコントロールできなくてはなりません。自信がなくて，小さな声しか出せない子どももいれば，いつも大声を上げていて音量調節できない子どももいます。そこで，たとえば，あきやまただしさんの詩「まめうしくんとあいうえお」を読み聞かせたあとに，もう一度，子どもたちと掛け合いの群読をしてみます。先生の読むラインに続いて，子どもたちは「あいうえお」のパートを，次々と返していきます。たとえばこんな風にです。

先生（T）「さあ，今度はたのしそうに」　子ども　（P）「あいうえお」,
　　（T）「今度はゆっくりと」　　　　　　　　（P）「あいうえお」,
　　（T）「おおきな声で」　　　　　　　　　　（P）「あいうえお」,
　　（T）「もっとおおきく」　　　　　　　　　（P）「あいうえお」,
　　（T）「ちいさな声で」　　　　　　　　　　（P）「あいうえお」,
　　（T）「もっとちいさく」　　　　　　　　　（P）「あいうえお」

といった感じです。先生が声の調子を変えることで，子どもたちも同じように，楽しい声で，ゆっくりした声で，大きな声で，小さな声で応答してくれるはずです。

また，そのほかに，図13-1のように，教師が紙に書いた「あ」の文字を，

第4章 「くぐらせ期」とスタートカリキュラム　81

はじめは5センチ平方程度の「あ」を見せて小さく発音させ，徐々に大きな紙になるにつれて，声も大きく連動させ，ついには模造紙2枚分くらいに書いた「あ」を発音させます。子どもたちは，わくわくしながら次々と提示される「あ」の紙サイズに合わせて声を大きくしていきます。そして今度は逆コースでやってみましょう。声の大小を楽しみながら，大きな声を出すことは恥ずかしくないし，一番小さな声も耳を澄ませば聞こえることを確認しあいます。

▲図13－1

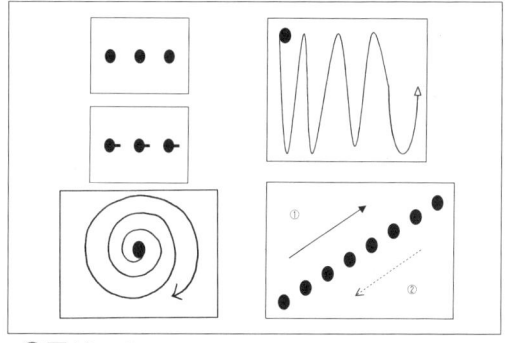

▲図13－2　『わたし　出会い　発見　Part 5』pp.77－78

もう一つは，図13－2「あ」の言葉をスタッカートのように区切ったり，レガートのように滑らかに言ったり，上下に揺らしたり，音階のように上下させたり，ぐるぐる回転させたりと，声に表情をつけて発していきます。「あ」のほかにも，「ふ」とか「や」など，いろんな音を当てて言わせても楽しいものです。

　また再度，あきやまただしさんの絵本シリーズで，『まめうしくんとこんにちは』（PHP研究所）を使って，今度は挨拶編です。うれしいときの「こんにちは」，かなしいときの「こんにちは」，同じように「ありがとう」など，次々と子どもたちに挑戦してもらいましょう。声の調子や音量を楽しみながら，声を柔らかく，硬く，大きく，小さく等々，子どもに意識させていくことは大切だと思います。先に述べた感情のリテラシー教材としても使

えます。

　小学校の教室には「１の声で」「２の声で」などと，話す音量を指示したポスターを見かけますが，これも声量のコントロールを体得していくと，理解できるポスターだと思います。

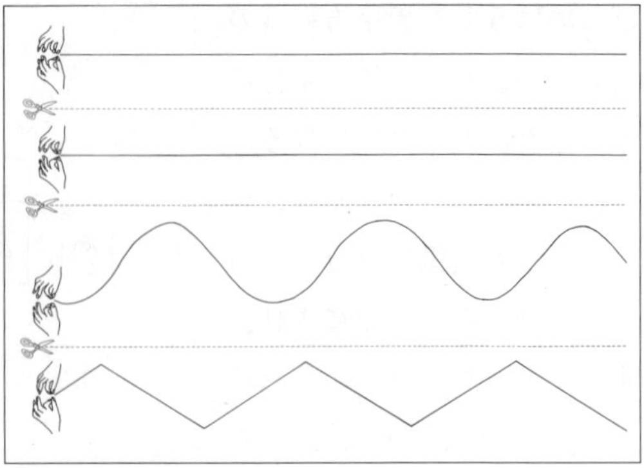

△図14　『ひらがな』p.4

2) 指先・手首・腕・肩・体のしなやかさ

　鉛筆を持っても字を書くという作業には，指先の力加減，手首・腕・肩のしなやかさが必要になってきます。手首がしなやかに動かないと，曲線の多いひらがなは上手に書けませんし，筆圧も不十分です。図14は『ひらがな』教材の最初に出てくるワークです。まずまっすぐに紙を裂いたり，波線に沿って破っていく，続いてはさみを持つ手と紙を持つ手を器用に動かして，線の上を切っていくなど，こうした作業は手首や指先を器用に動かしてこそ，初めてやり遂げられる作業です。紙をちぎるときに，線が見えずに段々とゆがんでいく子。紙を切るときに，紙を動かさずにはさみの向きだけを変えて切るので，切りにくそうにしている子。はさみの先だけでちびちびと切ろうとする子など，はさみの使い方一つをとっても未熟さが垣間見えてきます。１年生の中にはこれが高いハードルになって，「できないよ～」とパニックになる子どももいるので，丁寧な支援が必要です。

　また，粘土で紐づくりをさせるのも，手首・腕や手の力のバランスを取るのに大切な作業です。「ひらがな」指導ではこの粘土紐を使って，「ねんどのね」や「ひものひ」といったひらがなをつくることもします。この学習でも「粘土は臭いから触りたくない」とか「手に付いたら気持ち悪いから，いや」

と，抵抗する子どもがいるので，粘土の触感も「くぐり直す」必要があります。

また，体が硬いだけでなく，他の子どもと手をつなぐことさえいやがる子どももいるので，人間関係づくりもかねて体ほぐしのワークも必要です。「なべなべそこぬけ」（2人から3人，4人と増やしていきます）や「にほんばしこちょこちょ」（1本橋から5本橋まで），「けいどろ」など鬼ごっこのさまざまなバリエーション等々，体をほぐして柔らかくする遊びや手遊びをどしどし取り入れて行くことをお勧めします。ちなみに「なべなべそこぬけ」で，「かえりましょ」ができない子どもや戸惑う子どももいて，子どもには結構難しいのです。なお，就学前教育の先生たちは手遊びや体ほぐしについては，小学校の教師以上にネタも豊富ですから，教えを請いに行くことで，保幼小のつながりができれば，一石二鳥というものです。

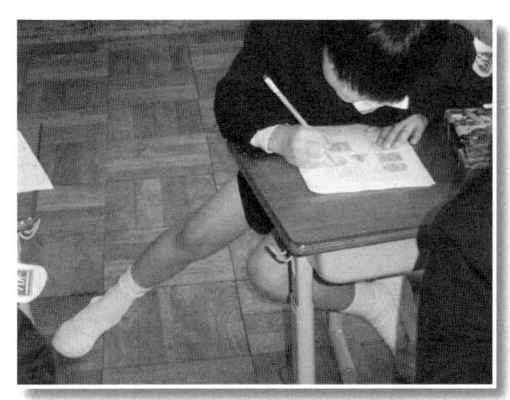

上の2枚の写真を見てください。子どもたちは授業中，すぐに姿勢が崩れてきます。体を支える腹筋や背筋が未成熟で，座る姿勢も立つ姿勢も，体をいすや机にもたれさせがちです。つかまり立ちのような恰好で，発表時に立つ子どもも少なくありません。体ほぐしや体づくりと学習姿勢は不可分のも

のなのです。

3) 言葉遊び

　言葉遊びにはいろいろありますが，まず浮かぶのがしりとり遊びです。これは，言葉の語頭と語尾を分解して抜き出す力がないと，ゲームは成立しません。「きりぎりす→すいか→かもめ」と進むには，「きりぎりす」のす，「すいか」のす，「すいか」のかと一音を抜き出す力がいるのです。言語心理学者天野清さんは，単語を音節ごとに分ける力（「り・す」）と，単語のはじめの音節が識別できる力（「りす」のり）が，ひらがな習得には重要であることを指摘しました。これを「音韻的意識」と呼び，これを意識化できる子どもが，ひらがな習得をスムーズに進めることができるということです。音韻的意識を促す遊具に，文字積み木があります。表面にりすの絵があり，裏面に「り」のひらがなが書かれたものですが，「りすのり」と子どもたちは覚えていけるようになっています。

　そのほか，より高度な遊びでは逆さ言葉があります。友だちの名前や短い単語で逆さ言葉クイズを出しあっていくうちに，音韻的意識は身体化されていくでしょう。「名前を逆に呼ぶから，自分だと思ったら手を挙げてね。ぽ・ん・し・さん」という風です。「しんぽ」さんが自分と分かれば手を挙げます。これによく似たことを，カナダの幼稚園年長組で実践していたので，驚きました。ホールから教室に帰るときに，先生が子どもの名前を逆のスペルで呼んで，呼ばれた子は教室へ戻るのです。たとえば，Adamであれば，先生は「m/a/d/A」と，ゆっくりアルファベットを発音していきます。すると，速い子は2文字位で自分と分かって起立し，ホールを出て行きました。なかなかおもしろいなあと，感心したシーンでした。

　なお，1音節1文字の日本語のように「つ・く・え」と区切ることができる言語であれば，しりとり遊びは比較的，容易な遊びでしょうが，英語のように「d/e/s/k」となれば，単音単位のためもっと高度なスキルが必要になっ

てくると思います。ちなみに，中国人留学生に訊くと，中国ではしりとり遊びは漢字の読みで「女児→児童→童話→話語」というふうにするのだそうで，やはりこれも漢字を知らないと難しそうです。

図15は，『ひらがな』教材にある「あ」のページですが，

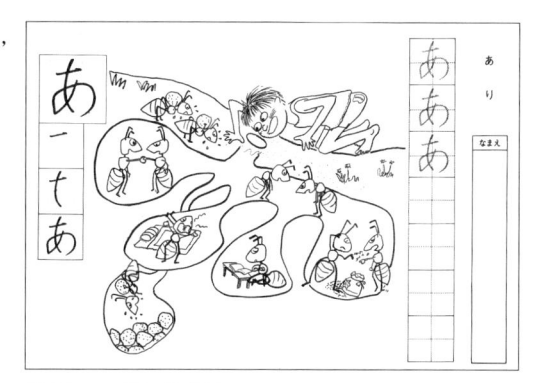

▲図15 『ひらがな』p.18

「あのつく言葉を探してみよう」と，先生が投げかけてみます。「あり・あたま・あし・あな・あくしゅ・あせ・あいさつ・あぐら・あやまる・あつめる」くらいまでは，おとなにも分かることですが，子どもたちは軽く20こ近い言葉を探せるのです。「ありがとう・あれ？・あらら・あ〜あ・あかんやん・あ，そうか・あのね・あれまあ」など，会話する言葉も出てくるところが，さすがに柔らか頭の子どもたちだと，感心します。

4） 読み聞かせと本の世界

就学前から子どもたちは絵本が大好きです。小学校でも，幼稚園でやっているように先生が椅子に座って，その周りに子どもたちを集め，床に座らせて読み聞かせをしてやってほしいと思います。私が調査に入った小学校でも，読み聞かせになると子どもたちの目は輝いていました。最近は地域の読み聞かせボランティアサークルもたくさんあるので，うまくかかわってもらいましょう。

くぐらせ期に熱心に取り組んでいる先生の中には，50音がタイトルにつく50冊の本を揃えて，一文字終わるたびにご褒美に1冊，またはひらがな一文字を教える前の動機づけに1冊（たとえば「か」の学習の前に『かさこじぞう』の絵本というように），読み聞かせていました。本は子どもの世界を広

げ，豊かにする必要不可欠のアイテムであることは誰も否定しないでしょう。

5）鉛筆の持ち方

鉛筆の持ち方指導は，小学校では結構厄介な課題です。というのも，就学前にすでに子どもたちは自己流の鉛筆の持ち方をしており，入学後に正しい持ち方を指導しようとしても，箸の持ち方と同じく，なかなか矯正できないからです（大学でも正しく鉛筆が持てない学生は多いのです）。

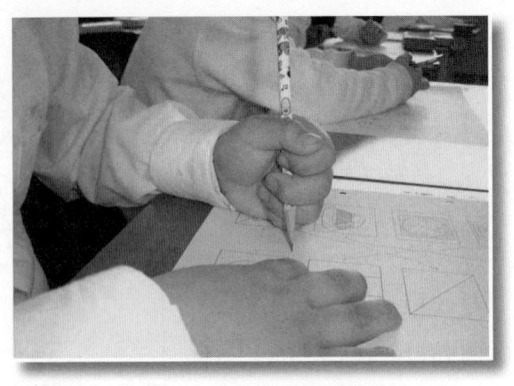

●親指と人差し指で鉛筆を挟めない

正しい鉛筆の持ち方が身につかないと，筆圧が不十分であったり，高学年で画数の多い漢字が書きにくかったりします。「くぐらせ期」指導では，「メリーさんの羊」の替え歌で，次のようなえんぴつ歌を歌いながら指導したり，さまざまな指導法を先生たちは編み出しています。

> ♪　指で丸をつくる（親指と人差し指で○をつくる動作）
> 　　鉛筆をはさむ　斜めに倒す　中指つける　♪

6）絵描き歌と運筆

鉛筆の持ち方指導をしながら，まずは運筆の練習です。ぐるぐる書き，点線に合わせてなぞり書き，迷路を解いてみたり等々。絵描き歌に合わせて絵を描くのも大切な作業で，しなやかな手首でリズミカルな運筆へと導いていきます。このような過程を経て，具体的にひらがな一文字ずつの指導が始まるのです。

7) 1音節1拍の日本語と音韻的意識

さて日本語の特徴は，基本的には1音節1文字で構成されており，1音節を1拍手で表現できるという点です。たとえば『ひらがな』教材の図16を見てください。「ら・く・

△図16 『ひらがな』p. 9

だ」は3音節に分解され，3拍手で表現できます。絵の下に書かれている「・」は拍手の数です。「4つ，手をたたく言葉は何だろう」「じゃあ，5つ，手をたたく言葉を探してみよう」と，ゲームをしていきます。大切なことは，「ら・ん・ど・せ・る」と1音ずつ区切った声に合わせながら，1音につき1拍して，5拍手することです。ひらがな習得と音韻的意識の関連については，すでに言語心理学の知見を紹介しましたが，1音節を1拍で表現する動作は，今後のひらがな習得の大切な序奏なのです。

子どもがかな文字を習得するための基礎には，音声コードから文字コードへ，文字コードから音声コードへと，そのコード変換を自在に操れることが必要になります。1音節1拍の動作は，このコード変換を行うための音韻分析の力を準備していることになります。音節分析が先行して発達し，それが基礎となって，かな文字習得の時期になると両者の間に相互作用が生じることも論証されています。つまり幼児期のしりとり遊びや，「あのつく言葉さがし」などの遊びで培われる音節分析，1音節1拍で確認しあう「くぐらせ期」の言葉指導など，音韻的意識が基礎となってひらがなの習得はスムーズに進むということなのです。

子どもたちは文字コードと音声コードを無意識に変換をしているように見えますが，実に高度な作業をこなしていると言えましょう。実際に，1音節

1拍の動作と発声を同時にできない子どもがいます。拍手の動作をしない子どもが気になった担任が,「やりたくないのかな」と,それとなく見守っていましたら,この子は1音ずつの発声と拍手を同時に動作できず,じっとしている子どもでした。「体ぐるみの賢さ」はここでも言えることです。

8) 生活体験のくぐり直しとひらがな習得

「くぐらせ期」のひらがな指導は,ただ順に「あいうえお」を何度も反復練習で書かせて覚える作業ではありません。くぐりそびれた体験を追体験させながら,ひらがな習得に導いていく工夫がされています。たとえば,「あさがお」の「あ」では,種を植えて,栽培・観察することと並行したり,「ねんど」の「ね」では紐づくりにした粘土で粘土板に「ね」をつくってみます。粘土をこねて,バランスの良い力加減で粘土紐をつくる等,手首や手のひら,指先まで器用に動かさなければなりません。指だけを使って,力の入れ方が分からないで,困っている子どもも出てきます。

その他にも,「くぎ」の「く」では,実際にかまぼこ板にマジックで黒く3点の印を付けたところに釘を3本打ち付けます。打ち付けた釘と釘を毛糸や色ゴムで渡してみると,きれいな「く」のオブジェができます。釘を打つのは初体験という子どもも多く,これも力加減が難しい作業です。「のり」の「の」では,糊のねばねばした触感を嫌う子どもたちも,大きな容器に入った糊に手を突っ込み,手にいっぱい糊をつけて画用紙一面に「の」を書きます。仕上げは,はさみで細かく切った色紙を上からまぶして,これまた美しいオブジェのできあがり。「みかん」の「み」ではみかんジュースで画用紙に「み」を書き,電気コンロであぶり出しをしたり,はっぱを集めて,「はっぱ」の「は」を貼り付けてみたり。「しり」の「し」では,みんなが尻文字で「し」を書いてみるパフォーマンスも！

要は,粘土をこねる,釘を打つ,糸でくくる,糊や粘土などの触感を楽しむ,はさみで細かく色紙を切る,みかん汁であぶり出しをするなど,生活体

第4章 「くぐらせ期」とスタートカリキュラム　89

験不足を「くぐり直し」ながら、ひらがな一文字ずつを印象づけて覚えていくのです。さらに「はち」の「は」では、「ぶんぶんぶん、はちがとぶ」の歌を中国語・韓国語・ベトナム語などで歌って、ニューカマーの子どもや隣の国々も意識した学習をとおして、社会認識を育むことも目指します。車椅子の子どもがいるクラスで、「くるまいす」の「く」を学んだこともあります。このように「くぐらせ期」のひらがな学習は、国語・理科・社会・生活科・体育・図工・音楽など合科的な学習も幅広く組み入れて進めていきます。

　さて、皆さんは、一筆で書ける「つ、く、し、へ」などのうち、一部の子どもにとって、書くのが難しい文字はどれだと思いますか？　答えは「く」や「へ」なのですが、なぜなのでしょう？　それは、斜めの空間認知が難しい子ど

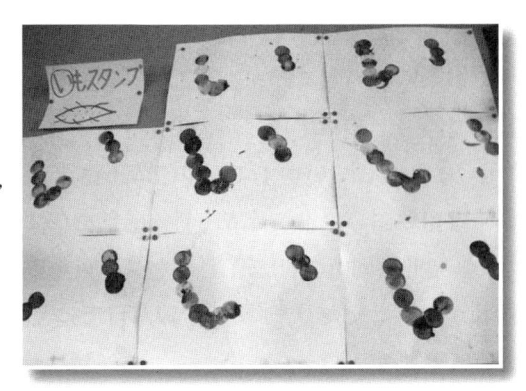

▲図17-1　いもスタンプで「い」

▲図17-2　絵の具を指につけて「え」

▲図17-3　そうめんで描いた「そ」

もだからです。「く」はアルファベットの L に，「へ」は □ になってしまいます。斜め感覚を覚えさせるために，サイコロの3のように配列した点と点を結ばせたり，雨傘の絵に斜めの雨をたくさん描かせたりしながら，「く」や「へ」に挑戦していきます。中には，グランドに連れ出して，ホームベースから2塁に斜めに歩かせて，斜め感覚を身体化させようと試みた教師もいました。空間認知が苦手な子どもが「い」を書くと，図18のように，一画目の撥ねが逆になったり，「あ」の線が目で追えていなかったり，ということも起きてきます。

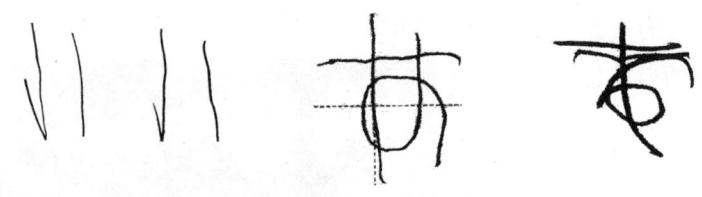

🔺図18　撥ねや丸い線を追えない「い」「あ」

1年生担任が次のような実践報告をしてくれました。

　「あ」という字がなかなかうまく書けなくて，何度も何度も書き直すのですが，曲線の交わる部分がどうしてもうまくいきませんでした。「まわしたいのに，この手が言うことをかへんねん」と言って，自分の手をたたく子どももいました。何度も何度もやり直すので紙が破れてしまうこともありました。しまいに，「もう，やらへん（しない）！　もう無理やし。こんなん，せえへん（しない）！」と言って，プリントを投げ捨ててしまうこともありました。（中略）
　Aくんは，何度も「い」の字を練習したあとに，「これなんていう字？」と，私が訊くと，「え？……なんだっけ？」と，答えられません。「Aくん，これ何で作った字？　いもスタンプで作ったね」というと，「あっ，そうだった。いもの『い』」と答えました。「う」のときも同じように練習しているときに訊くと，「う」と書いているのに，読めませ

> んでした。でも、「これ，何で作ったっけ？」と訊くと、「うどん。そうや，うどんの『う』」と答えました。当分このやりとりが続きました。しかし，さ行あたりになると，鉛筆書きの時には，しっかりと字と音と具体物が結びつき，すぐに何の字か言うことができるようになりました。
> 　また，「さ」のときには，斜め線の認識力の差がはっきりと出ました。2画めを斜めにしたくても斜めにならずに，まっすぐになってしまう子が何人もいました。斜め棒線グッズを使うと，正しく書き直すことができました。他にも「す」の学習では，曲線が追えない子がいました。2画めをくるりとまわすところで，鉛筆の先をどう進めていいのか分からなくなり，まっすぐ線を書いて後から丸を付け足すという子どももいました。

　学びのスタートであるひらがな学習で，こんなにもつまずいたり，戸惑ったりしている子どもがいることを，私たちは肝に銘じておかなければなりません。

9) 言葉を綴る

　さて日本語には，1音節につき1拍では片付かない「変形バージョン」もあります。長音（「お・とう・さ・ん」と伸ばす音）や促音（「よっ・と」と詰まる音），拗音（「で・ん・しゃ」とねじれる音）などです。また助詞の「は」「を」も発音と異なる特殊な書き方であるために，ここをうまく通過しないと，文章を正確に書くことができません。先に述べた，1音節1拍だけでは表現できないので，いろいろとバリエーションをもった動作をして体で覚えていきます。

　たとえば，長音の場合は，1拍手のあと手を合わせたまま，上から下に手を下ろします，「おとうさん」なら「・・―・・」，「こうそくどうろ」なら「・―・・・―・」と拍手や伸ばす動作をします。さらにはご丁寧にイメージ

化しやすいように，図19のようにゴム紐をつけて伸ばしたところが長音であることを見せて，印象づけます。ゴム紐がなが〜く伸びれば伸びるほど，子どもたちも声を長〜く伸ばします。こうして，「お̇とさん」ではなく「おとう̇さん」の発音であることを，楽しみながら身に付けていくのです。

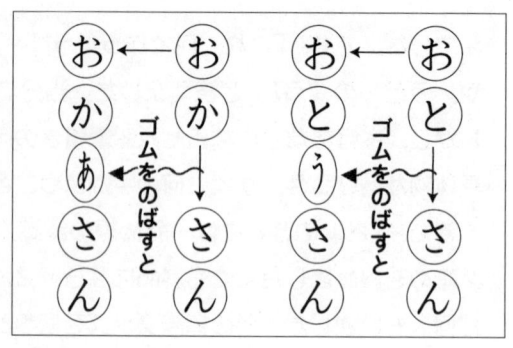

△図19　長音のイメージ教材（『わたし　出会い　発見　Part 5』p. 101)

　次に促音の場合は，「っ」のところで首をすくませたり，ジャンケンのグーをしたり，手を払う動作をしてみたり，いろいろ教師によって「流派」があります。要は，発音しない小さな「っ」があることを意識づけることです。「こっぷ」なら「・✓・」，「おっとせい」なら「・✓・・」と拍手と動作で表現します。

　また拗音は，子どもたちには「ねじれの音」と説明します。「でんしゃ」は「でんしや」（・・・・）と4拍なのではなく，「でんしゃ」（・・♪）と3音節であることを，雑巾を持ってきて一気に絞る動作で身体化させます。次々に「しゃ」「きゃ」「ぴょ」など，仲間集めをして同様の雑巾絞りをしていきます。続いて「きゃらめる」「♪・・・」や「しゃんぷー」（♪・・ー）と手の動作つきで，声に出して何度も挑戦していきます。

　そのほか，「お」と「を」や，「わ」と「は」の使い分けも重要です。助詞の「は」「を」を，子どもたちには「くっつきの『は』」「くっつきの『を』」と教えます。はやをのカードを割り箸のような棒に付けて，蠅たたきのようなものをつくります。そのはやをの「くっつき棒」を，たとえば隣の子どもの手にくっつけて，「まきちゃんの手は小さい」とか，机にくっつけて「机をさわる」などと，くっつける動作つきで短い文をつくって，発表してもら

います。これもまた，具体物でイメージ化をはかり，文章が正しく書けるための大事な学習です。興がのってくれば，グループごとにコミュニケーションゲームのように進めて行くこともできます。

10) 綴る ～「せんせい あのね」帳など

　子どもにとって，ひらがなの習得速度は均質ではありませんが，はじめの20文字くらいを覚えると，飛躍的に習得が進んでいきます。やがてひらがなを駆使できるようになってきた子どもたちは，「せんせい　あのね帳」で，大好きな先生に自分の気持ちを綴り始めるようになります。先生や友だちと，文字を通した新たなステージの交流が始まるのです。

　かつて，中学校教師だった私は，クラスの子どもたちと家庭学習帳（日記付き学習ノート）の交換をはじめ，班ノートや学活ノートなど，さまざまなノートを子どもたちと交換していました。気長に付き合っていくと，やがて子どもたちの本音や個性，思春期特有の悩みも見えてきて，返事を書くのが楽しみでした。私は子どもと手紙や日記の往還がある，素敵な日本の教室文化を絶対に手放してはならないと確信している一人です。

　小学1年生にとっての「せんせい　あのね帳」は，まさしくそのスタートです。「大好きな先生に特別に教えてあげるね」という気持ちがありありと伺えて，1年生担任は幸せだなあと思うのです。その他，絵日記や作文などで，子どもが生活を綴り始めると，子どもたちとの関係が深まり，子ども理解にとっても新しい発見が生まれます。

　ある男の子は家で遊んだ花火について，絵日記を書きました。花火の絵に添えた文章は，「ぱちぱち　ぴゅう　ぱん　ぱんぱん　ぱちぱちぱち　ひゅう　ぱんぱん　ぱんぱんぱんぱんぱん　はなびのおと」と書いてありました。花火の光や音のダイナミックさに興奮して，ただひたすら音の描写で綴ったこの文章は，体験したこの子でなければ書けません。「僕は花火をしました。おもしろかったです。」と書くよりも，ずっと感動が伝わる文章だと思いま

す。人は伝えたいことがあるから、伝えようとします。伝えたい人がいるから伝えようとするのです。ひらがな習得は人と人との関係性も深め、表現をとおして感情をさらに豊かにするものであることがよく分かる事例だと思います。

あるとき、勉強の苦手な男の子がやっと分かった喜びを、「ぼくはやとはかった」と書いてきました。分かった喜びを綴ったこの短い文章は、教師にとっては宝物ですが、他ならぬこの子が、「ぼくは、やっとわかった。」と、正しい文字の使い方ができるようにすることも、教師の大切な役目です。

文字を覚え、自分の気持ちを文章で伝えることができるようになると、自分の気持ちだけでなく、相手の気持ちもより深く理解できるようになってきます。子どもたちが文字を獲得してこそ実現する、コミュニケーションの深化です。小1プロブレム状況にあったクラスで、ある男の子が先生に宛てて、「せんせい、いっつもおこらせてごめんね　これからあかちゃんのことをしません」と、手紙を書いてきました。男の子なりに、自分の行動で先生が悩んでいることを思いやって、申し訳なさと「先生のこと、大好きだよ」という思いも込めて書いた文章です。これもまた、教師にとっては宝物でしょう。

また、「まま、おこった。あばれたからや」という話し言葉が、「ぼくがへやの中であばれたので、ままがおこりました。」という書き言葉に転換できるようになること、これがまさに学校文化に子どもたちが入ってきた証しでもあります。先に述べたヤングの言う学校文化の特徴「口頭による表現と対立した文字文化の重視」の入り口を、この子もまたくぐって入ってきたということです。

以上見てきたように、「くぐらせ期」のひらがな学習は、声や体を拓くことから文章を綴るところまで、壮大な学びの世界をもっていると思います。それは、くぐりそびれてきた体験をくぐり直し、コミュニカティブに、合科的に幼児期と学童期をつなぐスタートカリキュラムへと発展していく学習メソッドだと言えましょう。

4 「くぐらせ期」の算数

1) 幼児期の算数

　子どもは幼児期から遊びや生活体験をとおして数や図形に接してきます。たとえば，幼児の玩具には図形パズルがあります。三角形や四角形，星形の穴が空いたプラスチックのボールに同じ図形のパーツを押し込むパズルは，私の子どもたちも大好きでしたし，木彫りのパズルも同様でした。きちんとピースがはまったときの快感が，やがては50ピース以上もあるパズルにも挑戦する力になるのでしょう。

　生活でも，カレンダーについた自分の誕生日やクリスマスの日に○をつけて，「あといくつ寝たら○○だね」と待つ楽しみ。クリスマスを指折り数えて楽しみに待つ子ども用に，12月のアドベントカレンダーというのもあります。日本ではチョコレート会社などが販売していますが，12月1日から25日まであるそのカレンダーは，一日ごとにその日のカレンダーの小窓を開くと，小さなお菓子などが入っています。子どもたちは日めくりをしながら，一日千秋の思いで「あと何日」と待ち続け，やっとクリスマス当日を迎えるのです。

　家族が祝ってくれる誕生日では，点したバースデーケーキのろうそくの数は子どもにとっては勲章です。「お年いくつ？」「おねえちゃんになったねえ」と言われるのがうれしくて，3本の指を誇らしげに立ててくれます。また，時間と時計の針についても，「おやつまだ？」とせがむと，「短い針が3になったら」と言われて，待つ時間の長いこと。楽しみにしているテレビ番組の始まりは，言われなくてもしっかり自分で時計をチェックできるようになってきます（デジタルではなく，アナログ時計が家庭にも必要だと思います）。また，お風呂で「あと50まで数えたら出ていいよ」と言われれば，

「100まで数えられるもん！」と，数唱を得意げに聞かせてくれるようにもなるでしょう。

おやつの分けかたをめぐっては，きょうだいの利害が絡んで，もっとシビアです。クリスマスケーキを家族分でカットしたとき，どれを選ぶかとか，また半分に割ったドーナツのどちらを弟に譲るか等々，瞬時に大小（多少）を見分けられる「生きる力」が必要です。袋菓子をきょうだいで分け合うときは，おにいちゃんがズルをしないようにしっかり個数を見届けなければなりません。そのほかにも，生活シーンでは，スーパーの買い物についていくと，値引きシールが貼られてあれば，「20円得した」とか，ジュースは100％天然ジュースかどうかを確かめるとか，200mlのジュースより1ℓパックは重いなあとか，子どもの生活にはたくさんの数量が溢れています。

園の生活でも，時計の時間の見方はもちろんのこと，遊びやお手伝いで算数的萌芽が随所にあります。かくれんぼでは，鬼になったら50や100を数唱しなくてはなりませんし，双六で遊ぶにはさいころの目の数を読み，1対1対応で駒を進めなければなりません。トランプゲームでは，数の大小が分からなければ勝てませんし，最後にはゲットしたカードの枚数を数えて，誰が勝者かを決めなければなりません。グループ分けでも，「5人ずつ手をつなごう」と言われたら，1人から順に5人まで数えて1グループという基数性を理解できなければなりません。「色紙を，3枚ずつ持って行ってね」と指示されても同様です。また，「二つのグループに分かれてごらん」と指示されると，2列に並んだ隣の友だちと手をつないで，1対1対応をしたあと，余った列の子どもたちが足りない列に並び直すことを覚えていきます。食事当番になると，牛乳やコップをトレイに1本ずつ配る1対1対応が訓練されて

います。「あと何日で遠足かな？」と毎日，楽しみに日を数えたり，芋掘りで収穫した芋の数を数えたり……。運動会の玉入れ競争でも，紅白どちらの玉がどれだけ多いかを，わくわくしながらじっと見つめています。

　さて，子どもが数を数える為には，5つの原理の理解が必要です。①1対1対応，②1，2，3，4というように安定した順序性，③順に数えた最後がその集合の数である基数性，④集合数のどちらから数えてもいい順序無関係の原理，⑤赤や黄色の花であっても，花として同じように数えられる抽象性の理解です。わずか3～4歳の幼児がこうした原理をおおかた理解して計数できるというのは，まさに驚異的な能力です。

　こうした数や図形の認知において重要な1対1対応の芽生えは，乳児期の指さし行為にあると言われています。言葉のまだ出ない乳児が「あー」と指さす目的物に，まわりが「ブーブーだねえ」と応答するところから，1対1対応が始まります。この1対1対応が，数を数え，数を理解することの基礎となるのです。また，小学校の教員からは，「1年生入学時に，直感数（一目でいくつあるかが分かる）として，3が分かるかどうかが，算数理解のうえではとても大きい」という話を，たびたび聞きました。

　さらには片手の指が5本であることから，幼児が計数するときには5という数が特別な数として，すでに理解されているのではないかと言われています。この論については後で詳しく見ていきたいと思いますが，小学校入学前にすでに，多くの子どもたちは数唱しなくても，5本の指を一気に出して5を表現できること。これが，のちの足し算・引き算に活かされていくのです。

　また近年，リテラシーが大きな課題としてあげられていますが，PISA調査にしても文科省学力調査にしても，国語や算数・数学問題は恐ろしく長文です。物事を論理的に順序立てて考える力は，こうしたテストにかかわらず大切な力です。園の子どもたちがよく，「僕は何もしていないのに，Aちゃんが叩いてきた！」と訴えに来ます。しかし，「何もしていない」のではなくて，その前に何かがあって起きてきた出来事でしょうから，子どもたちと

一緒に、順序立てて事の起こりから整理してやることです。やがて、「そうだったのか」と原因と結果が結びつき、納得して、対立の解決に向かい始めます。順序立てて、論理的に整理していく力は、算数を解いていく上でも大切な力に育っていきます。

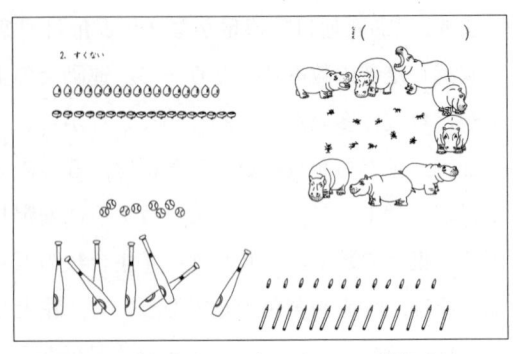

▲図20 「おおい・すくない」（『わたし 出会い 発見 Part 5』p.130）

　このように、幼児期に遊びや生活の中で数を数えたり、図形を楽しんだり、順序立てて説明できる日々の積み重ねが土台となって、やがて算数理解につながっていくということです。小学校教育までの見通しを持って、就学前教育の側も見直しと設計が必要だということでしょうし、逆に小学校もどのような土台が育まれてきているのかを知っておく必要があります。

2）「くぐらせ期」の算数

　「くぐらせ期」の算数は、「ひらがな」教材と同じように、体験不足をくぐり直しながら、数字に馴染んでいきます。はじめは具体物（りんごや魚など）の数を数え、やがて半具体物のタイルへ、そして抽象的な数字へと導かれていきます。リサーチに入った1年生クラスで、巨大な鯨3頭と小さな魚3匹の絵を前にして、「どちらが多い」という問題に、大論争が起きました。結論としては、「多い」と「大きい」は違うこと、形や大きさを捨象してタイルに置き換える（1対1対応）と、どちらも3であることを、子どもたちが自力で到達していった興味深い授業でした。「くぐらせ期」の算数でも、図20のような教材で、「おおきい・ちいさい」に惑わされず、1対1対応やタイルに置き換えて数えることで「おおい・すくない」を理解していくしくみになっています。

第4章 「くぐらせ期」とスタートカリキュラム

やがて，一桁のたし算が入ってきます。「2このリンゴに，さらに4こ加える」問題は，幼児ならまず2までを「1，2」と数え（数唱），同じようにもう一方を「1，2，3，4」と数唱し，次に全部を「1，2，3，4，5，6」と数唱して6こという答えを導き出す初歩的な解法です。これは数唱をもとにしたcount-all（すべてを数える）という基本的な方略です。小学校1年生では，さらに進化して数の基数性が分かってくると，まず2こを前提にして，もう一方を3から始めて「3，4，5，6」と数唱して答え

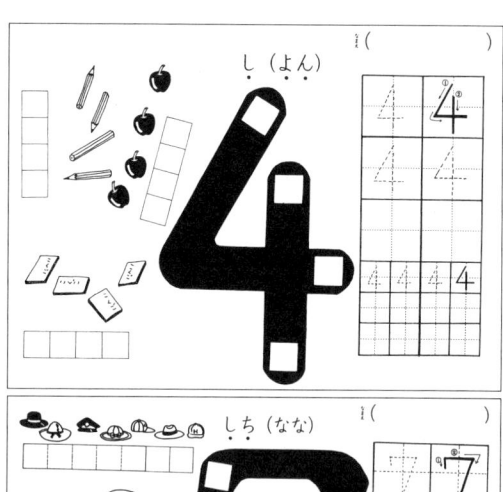

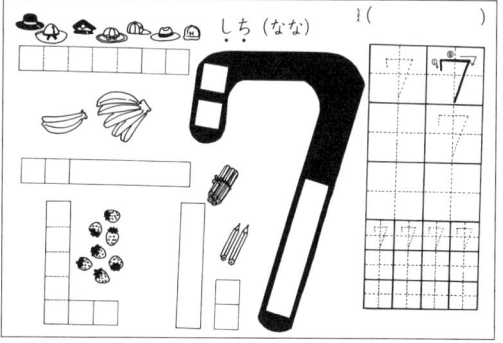

●図21　4は4個のタイル　7は5を示す棒タイルと2個のタイル（『わたし　出会い　発見　Part 5』p.137, p.148）

を出すcount-on（数え足し）の方略が分かってきます。基数は4の方が多いので，これをもとにして，「5，6」と2こを足す方略が，より要領良く答えが見つけられることも分かってきます。つまり「2＋4」も「4＋2」も同じ答えだという交換の法則を見つけたのです。以上のような段階までは，すでに就学前の年長児でも，教え込まなくてもそれなりに理解でき始めていると思います。

さて，「くぐらせ期」の算数で半具体物のタイルを使う指導法は，遠山啓さんが開発した水道方式とよく似ており，影響を受けていると思われます。「くぐらせ期」の算数は，5こで1本のタイル（棒タイル）と教えていきま

す（図21）が，これは算数教科書が採用している10このブロックで1本の長いブロックという10進法と異なります。このため，混乱を招かないのかという疑問も出てきます。たとえばたし算の場合，教科書では6＋8は6に8から4を取ってきて10とし，残りの4を加えて14という答えを導き出します。つまり10進法のために10の補数が基本です。しかし，「くぐらせ期」の5を1本の棒タイルとする考え方では，6＋8はまず，6は5と1に分解され，8は5と3に分解されます。まず5と5をたして10にし，残りの1と3を足した4を加えて14にします。5をひとかたまりとして考えるのは，子どもたちが5本指を数唱しなくても5と理解しているからですし，やがては，そろばんの珠や集票するときの正の字など，子どものまわりにも経験知として蓄積されてくるからです（そろばんは小学5年の教科書に出てきます）。

　認知心理学者，吉田甫さんは，その著書『子どもは数をどのように理解しているのか』のなかで，とても興味深いことを述べています。子どもは小学校に入学して，初めてたし算やひき算を学ぶのではないということ。すでに幼児は数唱によって基礎的なたし算ができるということです。たとえば，幼稚園の5歳児対象の実験で，「6たす3」といった簡単な問題を与えたときに，幼児がどんな指の使い方をするかに着目しました。子どもたちの計算は4つの方略に分かれました。まず1番めグループは指を1本ずつ立てて，数える方法。続いて2番目グループは，いきなりその数だけ指を（6なら，片手の指全部ともう一方の1本を同時に）広げた子どもたちで，このグループが最も多くて4割を占めました。3番目グループは指をほんの少し動かしながら計算した子どもたちで，1割でした。このグループは指を完全には使わずに，内的な処理に移行しつつあるグループです。第4グループは，指を一切使わずに宙を見ながら答えた子どもたちで，2割を占めました。この子どもたちは，たし算を「頭で考えた」と答えたそうで，「指という外的な装置」を使わない「高次の方略」を身につけている子どもたちです。

　数をすべての指で表現する第1のグループの子どもたちも，2つに内分さ

れました。順に指を1本ずつ出す子どもとは別に、「7を表すときに、まず片手の指全部を一度に立てて5を表す。次に残りの手の指を一本ずつ立てて6，7と数えた」子どもたちです。同じく第2のグループのように、一度に数を示す指を出した子どもたちも「5を全体のひとまとまりの数として捉えているのではないか」と、吉田さんは考えました。片手は指が5本であることに馴染んでいる子どもたちですから、すでに「5が基数となっている」ことを示唆しています。その上で、「10を基数とする伝統的なたし算は、幼児にはかなり理解しがたい方法ではないだろうか。幼児の数についての知識が5を基数としたものから構成されているとすれば、その知識に応じたたし算なら、彼らも容易に学習できるのではないかと考えられる」「たし算を10を基数とするたし算ではなく、5を基数とする方が理解しやすいのではないか」(p.99)と、くりかえし述べています。そして、実際に5と10それぞれを基数としたたし算を幼児にさせてみたところ、5を基数にしたたし算の方が間違いが少なかったこと（17問中、5が基数の子どもは16問、10が基数の子どもは11問の正答）を証明しています。

　小学校の最初のたし算の指導は、count-all（すべてを足していく）方略から始めていきますが、これについても「幼児の知識の発達からいえば、小学校で教えるそうした方法は3歳か4歳程度の知識といって良い。ここに大きなギャップが存在している」こと。だからといって、count-onの「数え足しの方法を学校ですぐに教えた方がよいということを、ここで主張するつもりはない。クラスの中には、さまざまな子どもがいる」(p.110)からだと、述べています。子どもの実態に合わせた方略を見極めて選択することを示唆し

ているのです。

　「くぐらせ期」の算数は，幼児期の学びの不平等を前提に，数的な認知の遅れが顕著な子どもたちが多い学校で創造されてきました。その指導法は，子どもの実態に合わせて，10よりも小さい5を基数とした，小さい数を理解することから出発する方略をとってきたのだと思います。最初のつまずきを極力少なくするために，5までの計数を繰り返し練習し，やがて数的認知が進んでくると，10進法に移行して10の補数をフラッシュカードなどで徹底して教えていくという方略です。

　さらに文章題のたし算・ひき算では，いくつかのパターンを類型化して，馴染ませていくことも必要になってきます。たし算は，「赤いリンゴが3こと黄色いリンゴが2こあります。合わせていくつ？」（合併）や，「えんぴつが5本ありました。さらに4本かいました。ぜんぶでいくつ？」（添加）といった2種類の問題が出てきます。ひき算では，「リンゴが5こありました。2こたべました。のこりはいくつ」（求残），「みかんが5こ，リンゴが2こあります。どちらがどれだけ多い？」（求差），「8人のうちおんなの子が3にんです。おとこの子はなんにん？」（求補）といった3種類の問題が出てきます。いずれも「あわせていくつ」とか「のこりはいくつ」とか「どちらがどれだけ多い」といった，算数独特の用語の理解が重要になってきます。さらに，上記の「求残」の問題を取ってみれば，①はじめにあった数，②食べてしまった数，③残った数が，順序立てて整理できないと，理解できません。ある子どもが，「数字が頭の中でごちゃごちゃになって，踊ってるねん」と，その混乱ぶりをつぶやきました。幼児期から順序立てた思考を耕し，読み解く力（リテラシー）を高めることが大切だと思います。

✏ 5　就学前教育と学校教育をつなぐ環境と教材

1) カナダのリテラシー教育に触れて

　さて，この章では海外に目を移して，カナダの教育から日本の就学前教育と学校教育のつながりを，環境や教材に特化して考えてみようと思います。私の勤務する大学はカナダ・トロントの公立私立の学校園と長年，交流を持ち，学生たちは幼稚園が併設されている小学校で2週間の教育実地研修をすることができます。具体的には，教育実習をトロント大学附属のＩＣＳ（Institute of Child Study）小学校と公立初等中等学校の2校でおこない，シュタイナー学校（ウォルドルフ・スクール）では見学と交流をすることができるという，なかなか魅力的なプログラムです。私も3年間，このプログラムに関わって学生とともに学んできました。

　出発前の半年間は，学生たちは教育（保育）実習のための教材作成やプレゼンテーションの練習など，実習準備に大忙しです。参加学生は全員が保育士や幼稚園・小学校の教員をめざしており，これまで学んできた知識やスキルが実践的に試されるわけですから，実に意欲的にチャレンジしていきます。たとえば，幼児教育志望の学生たちは，「おおきなかぶ」のエプロンシアター，「はらぺこあおむし」のカーテンシアター，「さるかに合戦」や「浦島太郎」の紙芝居など，手の込んだ教材をつくり，教室に持ち込みます。小学校教員志望の学生たちも，紙芝居・劇・音楽・工作・習字などを通して，日本文化の紹介や交流に努めます。二人ペアで1クラスを担当するのですが，英語でプレゼンテーションできるようになるまで，用意周到な準備とハードな準備をした後に，実地研修に臨みます。紙芝居やエプロンシアターなどは初体験というカナダの子どもたちは，これらを大歓迎して受け入れてくれるので，彼女たちの達成感は言うまでもありません。

さて、訪問校の一つ、ICS小学校は、ジョン・デューイ実験学校でもあります。授業料も高く、教育熱心な中産階級の児童生徒が、3歳児（保育所）から4・5歳（幼稚園）、さらに小学1年生から8年生まで、ともに暮らしています。トロント大学オンタリオ教育研究所（OISE）の院生が、各教室にインターンとして数人ずつ、先生の補助をしながら研究や教育実践をしており、その期間は半年以上に渡ります。

地下1階から地上2階建ての1軒の古くて大きな洋館を丸ごと学校にしているので、館のそれぞれの大広間が教室になっています。もとは民家だったので、窓の形もさまざまに風情があり、中には暖炉のある部屋もあって、とてもアットホームな感じです。校長先生は、「学校は、子どもたちの家庭であり、ラーニング・コミュニティ（学びの共同体）です」と明言されています。そして一番広い部屋の恩恵を受けているのが、3歳〜5歳の幼児たちです。「集団生活をスタートさせる幼児期こそ、ゆったりと落ち着いた環境に置くことを最優先させるべきだ」という教育ポリシーに基づいています。

ICSは、子どもの安全な環境づくりを重視した教育方針の下に、子どもの探究活動の重視や学びをシェアして知識構築をめざすこと（knowledge building）、つまりはスローラーニングを大切にしている学校園です。ある年には、幼稚園の教室に、担任の先生がわざと大きな岩を置いておき、どうすればこれが取り除けるかを子どもたちと話し合い、協力しながら創造的な解決方法を試行錯誤させて、知恵を寄せ合ったとか。「メープルリーフはなぜ紅葉するのか」という問いを、低学年の子どもたちに投げかけ、子どもたちは自分たちの推論に基づいて、さまざまな実験を繰り返して研究していきます。高学年になって多くの知識を獲得して謎が解けるまで、子どもたちはこの問いを持ち続けて研究を続けるのです。協同的な学びは幼児期から始まっています。

もう一方のイズリントン初等中等学校は、多文化主義が国是のカナダを象徴するような多民族・多文化の学校です。校区は、トロント市内で最も社会

経済的に厳しい地域の一つで，子どもたちの約80％は非英語圏出身です。ソマリアから難民としてやってきた子どもや，母国では学校に通った経験がない子どももいます。大半はアジア，アフリカ，東欧の難民・移民の子どもたちです。必然的に，この学校ではＥＳ

▲図22　世界からやってきたクラスメイトを示す壁面構成

Ｌ（第２言語としての英語）が重視されており，幼稚園から低学年では，午前中の全てがリテラシー教育でした。リテラシーとは「読み解く力」と訳せばいいでしょうか，今，PISAや学習指導要領など，国の内外で子どもの学力形成上，最も重要なキーワードの一つになっています。この学校でも，英語を母語としない子どもたちに対して，徹底して英語によるリテラシー教育が進められており，英語の文字環境に配慮した意図を感じました。

　中でも読書活動は重要な教育活動で，取り組みにも一工夫がされていました。先生による全体読み聞かせ，少人数のグループでガイドリーディング（先生の指導付き読書），子どもグループでシェアする（読みあいっこする）読書，自分だけでする読書など，子どもやクラスの状況に応じて，読書形態も多様で細やかです。読書指導はしたたかな教育戦略に基づいて，トロント全市で取り組んでおり，たとえば『幼少期のためのリテラシープロジェクト』というハンドブックが，トロントの学校教員用に配布されています。そこには，こうした読み聞かせ・グループ読書・指導付き読書・一人読書などのそれぞれの読書スタイルについての留意点や，校長・学級担任・リテラシーコーディネーター（日本の学校司書以上に教育活動に関与している）の役割が述べられています。さらに，取り組みのモニタリングとアセスメントにも言及し，しっかりとした構成になっています。

イズリントン初等中等学校では，幼児期から徹底した読書指導を進めるために，幼児や低学年クラスの子どもたち一人ひとりのリテラシー度に応じた絵本が，毎朝，子どもたちにビニール袋に入れて手渡されます（図23）。子どもたちは，読書ノートにその本の名前を写し，読み終えれば，次の絵本が与えられます。

　読書のおもしろさへの誘いも巧みで，読みたくなるような環境づくりが教室や図書館になされているのです。日本の保育所・幼稚園や小学校でも，挑戦できそうな魅力的な取り組みでした。図24のように，山羊の絵本の横に，さりげなく山羊のフィギュアが置かれてあって，絵本の続きで遊べる配慮がなされているなど工夫が随所に見られました。

　その一方で，子どもたちの母国の文化や伝統，宗教を尊重した学校づくりにも細やかな配慮が見られます。学校図

▲図23　子ども一人ひとりに毎朝配られる絵本と読書ノート

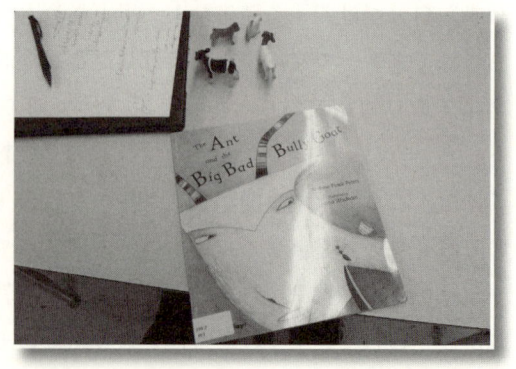

▲図24　山羊の絵本とフィギュア

書館はまさに多文化に触れる場所であり，アフリカ・アジア・ラテンアメリカ・東欧や北欧の絵本や図鑑，民芸品も充実していました。私たちの来校を歓迎して，特設の日本コーナーも設置されていましたが，日本昔話から被爆者の絵本までが揃えられ，その充実ぶりには驚きました。校舎中央の一室には，ソマリア人のソーシャルワーカーが支援スタッフとして週に数回，駐在しており，ソマリアの子どもたちの学習・生活支援や心のケアにあたっていました。地域の子育て支援センターのサポートもカナダならではの手厚さで，校区地図には数カ所のセンターが記載されていました。

「高級住宅街にあるA小学校は高学力で有名だけど，でも去年の州テストではイズリントン初等中等学校の方が上だったよ」と，教頭先生はとても誇らしげでした。PISA調査でも，カナダはフィンランドと並ぶ好結果を出している国ですが，この学校のように社会経済的背景が厳しい子どもたちに対して，リテラシー教育を基軸に学力向上に取り組む実践は注目に値します。「就学前からの学力保障」という観点からも，私たちが学ぶべき多くのヒントを得られたと思いました。

2)　環境設定と教材

このようにイズリントン初等中等学校とICSでは，子どもたちの社会経済的背景は極端に異なっており，家庭文化の格差も大変大きいものです。当然ながら，双方の教職員のアプローチも異なるのですが，探究活動を中心にしたプロジェクト学習や協同的な学びの重視，そしてリテラシー教育など似通った手法も多く見うけられました。何より，環境設定や教材教具の整備など，保幼から小中を見通した環境設定と教材準備には，その意図が明確に読み取れました。

たとえば幼稚園の棚には数的認知や空間認知を促す学習遊具が，グループごとにたくさん籠に入れてあります。日本なら，小学1年で数を数えるのはおはじきが多いですが，ここではテディベアや牛，テントウムシなどの小さ

なフィギュアが山盛りです。教室に敷かれたカーペットにも、文字や数が楽しく描かれています。

　長さを測るたくさんのメジャーや物差し、繋いだら自分たちの身長ほどにもなる立体的な組み立て遊具（図25-1）、三角や四角、丸などの形をした色とりどりのプラスチック板。そして積み木も白木のもの以外に種々様々な形が揃っています。たとえばカラフルで透き透ったプラスチックのブロックは、備え付けのテーブルの下からライトアップできるようになっていて、完成した立体的なお城やビルの内部からは、カラフルな光が透過してきて、とても美しいのです（図25-2）。子どもたちは彼らなりの設計図で間取りや高さを工夫して遊んでいました。遊びを通して学んでいる幼稚園児たちですが、こうした学習玩具に触れながら、空間認知や数的認知を進めて

▲図25-1　カラフルな図形パズルや立体玩具

いくことがよく分かります。

　訪問した両校とも，幼稚園クラスと，1年生から8年生までが同じ学校園で協同生活をしていました。子どもたちは休み時間は，同じグランドで遊びあい，全校集会や全校行事もみんな一緒ですし，異年齢交流も多様です。日本の

▲図25-2　ライトアップされるカラーブロック

教育制度のように幼稚園・保育所が別組織で，年長さんとしてのリーダーシップや自覚・自信を生み出すことができるのは，とても貴重な体験です。一方で，トロントのように3，4歳から14歳までが協同生活していると，子どもも教師も保護者も先の見通しが立ちやすく，長いスパンで子どもの育ちを見つめられるというのも魅力的です。幼保から中学校までの教職員の同僚性も高く，協同研究も進んでいます。担任も，去年は小学校の担任だった方が，今年は幼稚園の年少組の担任になったとか，人事交流も見られます。従って，日本のように小1プロブレムの一因である，就学前教育と学校教育の「段差」は見受けられず，私が小1プロブレムの説明をしても，あまり実感がわかないようでした。

　それぞれの長い学校文化の中で培われてきた制度ですから，一概にどちらが良いとは言えないでしょうが，少なくとも日本の幼児教育と学校教育の壁を取り払って，子どもの学びを「就学前から見つめて積み上げていく」という発想は大切にしたいと思います。

第5章　遊びと学びをつなぐスタートカリキュラム

1　スタートカリキュラムのコンセプト

　以上見てきましたように,「くぐらせ期」指導は文字指導に留まらず, 多様な学習内容を包含していました。この「くぐらせ期」の理論を今の子どもたちの課題にフィットさせたスタートカリキュラムとして再構成していくことを, 今, 私たちは目指しています。それは第一に, 小1プロブレム世代の子どもたちの課題克服だけのものではなく, 今どきの子どもたちの良さをいっそう引き出せるものにしなければならないと思います。そして第二に, スタートカリキュラムは小学校新入期からスタートするのではなく, 就学前教育を土台にして学校教育とつないでいく, 積み上げていくという発想があってこそ, はじめてスムーズに進んでいくと思います。

　ではどのような項目で, カリキュラムづくりに取り組めばいいのか, 次にいくつかの柱を挙げてみましょう。

① 自然認識や自然との共生を学ぶ
② 社会認識・生活認識・人権意識などを育てる
③ 文字や言葉世界を豊かにする
④ 数や空間の認知を深める
⑤ 健康や安全意識を高める
⑥ 人間関係づくりの基盤を築く（自尊感情・感情のリテラシー・対立の越え方・コミュニケーション力など）
⑦ 規範意識やソーシャルスキルを育てる
⑧ 芸術的な表現を豊かにする（絵画・工作・音楽・劇など）
⑨ 体ほぐしと体づくりをはじめとして,「体ぐるみの賢さ」を育てる

これらの項目は，就学前教育と学校教育に関わる教職員が知恵を持ち寄れば，もっと豊かな項目に整理されていくと思います。まさに保幼小の「3人寄れば文殊の知恵」です。お互いの知恵を寄せ集めて，新しいスタートカリキュラムを創造していきたいと，切に願っているところです。

　校区で共に頭を寄せ合って，どの項目から始めるか，自分たちの地域に一番必要だと思われるテーマを選ぶところから，すでに共同研究は始まっています。子どもの固有名詞も飛び交いながら話ができるのが，校区で集まるいいところです。子どもたちの顔を浮かべながら，「子どもの現実から出発して」，共同研究テーマを選ぶことです。

　なお，こうした校区内での交流を長続きさせるコツは，まず，「保幼小交流」という校務分掌をつくることです。たとえ，担当者が転勤や学年担当が変わっても，分掌があれば継続的な取り組みが可能です。もちろん，そのためには管理職どうしが交流の意義を認識し，良きリーダーシップを発揮することが前提です。一挙に，連携の話し合いのテーブルができることは稀で，保幼小のどちらかの強い要望があって始まるものです。そこに到るまでには片思いのラブコールを，あきらめずに投げ続けることでしょう。すべては「子どもの最善の利益のため」なのですから。

➡ 2　ミッシングリンクは生活科

　さて，新しいスタートカリキュラムを考える上で，まずは生活科と就学前教育をつなぐことから始めてはどうでしょう。カリキュラム上の保幼小連携を考える上で，まず注目すべきは，すでに紹介した生活科の解説でした。小1プロブレムを克服し，保幼小の段差をつなぐミッシングリンクは生活科にあり！　と，考えます。「百聞は一見にしかず」です。小学校教師は，幼稚園や保育所に生活科のヒントを見つけに行ってほしいですし，幼稚園・保育所の教職員は自分たちの保育がどんな風につながっていっているのかを見届け

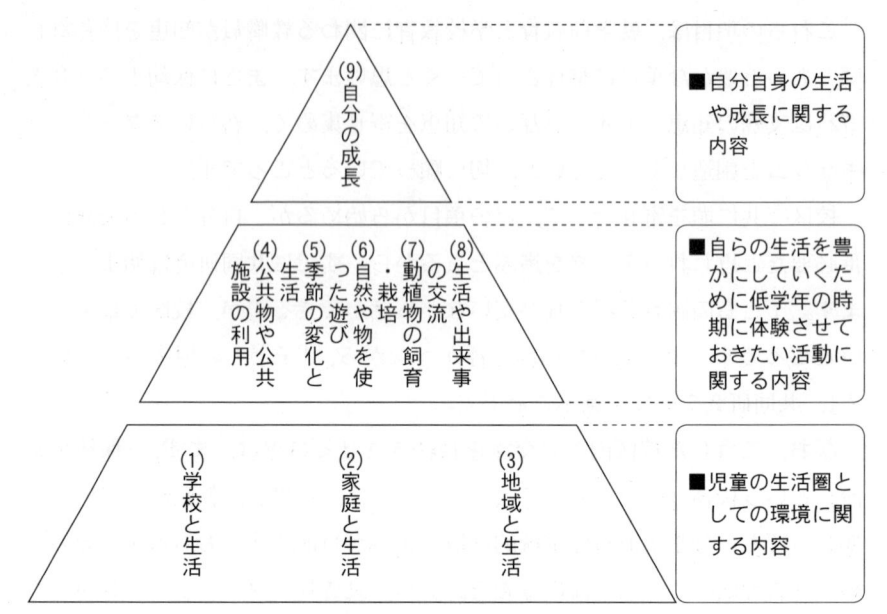

```
                    (9)
                  自分の成長                    ■自分自身の生活
                                              や成長に関する
                                              内容

      (4)(5)(6)(7)(8)
   施公季生自動生               ■自らの生活を豊
   設共節活然植活               かにしていくた
   の物の・や物や               めに低学年の時
   利や変栽物のでき              期に体験させて
   用公化培をの事               おきたい活動に
      共と    使飼や               関する内容
            っ育交
            た    流
            遊
            び

   (1)        (2)        (3)           ■児童の生活圏と
   学校        家庭        地域            しての環境に関
   と         と         と             する内容
   生活        生活        生活
```

●図26 「小学校学習指導要領解説　生活編」p. 22

るために，足を運んでほしいと思います。

　生活科は9項目の内容を持つ教科ですが，構成的には図26のような階層性を持っています。就学前教育との共通点を多く見出せるのではないかと思います。

　今回の生活科解説作成協力者の一人，宮野真知子さんは，秋田大学附属小学校1年生担任だったときに，小1プロブレム克服を視野に入れた実践をされました。まず，新入生のクラス編成を，成長差が大きい4月だけ，生まれ月で3クラス仮編成するという，大胆なプランを実行します。担任団はローテーションで全ての仮クラスの担任として一巡することで，教師みんながすべての新入生と関わっていきます。仮クラス中はスタートカリキュラムを，生活科中心に組み立てていきます。15分モジュールで，幼児教育を引き継ぐ遊びを中心に，構成していったのです。たとえば，自己紹介に向けて名刺をつくり，イラストを描く（国語・図画），「ジャンケン列車」を歌いながら

（音楽），名刺交換と自己紹介をする。集まった名刺を数えてお互いの数を比べる（算数）といった具合です。生まれ月という生活年齢によって生じる生活スキルや体力や理解度の違いを，スタートカリキュラムでゆっくりと平（なら）していく発想も興味深い点です。体験や技術面の未熟さも，早生まれの子どもばかりの学級だと，子どもたちも安心です（実際には，必ずしも早生まれの集団がまとまりにくいのではなかったそうですが）。スタートカリキュラムが成功した背景には，①こうした大胆な改革を是とした学校文化や，②1年担任団としてすべての子どもの担任にかかわったこと，③保護者の教育サポーターが学級の学習支援に入ったことで，保護者にも子どもにも効果的だったこと，④附属幼稚園と附属小学校が連携して教育内容をつないだことなどが，挙げられるのではないでしょうか。いずれにせよ，新入期の88モジュールを，幼児教育を引き継ぐ「スタートカリキュラムの生活科」としてまとめあげ，合科的な取り組みを意識して展開していったのは，見事だと思います。

　以上，就学前教育と小学校教育の連携・接続のための課題と展望について見てきました。これまでの豊かな「くぐらせ期」の理論と実践をベースに，人間関係づくりや感情のコントロールなどの分野も取り入れた，小1プロブレム世代に適応したスタートカリキュラムとして創造していくこと。生活科を段差縮小のミッシングリンクとして大いに活用すること。この作業を学校教育は就学前教育とつながりながら創りあげていくこと。これらが，小1プロブレム研究の新しい課題であり，すでにその一歩は踏み出されたと思います。第2部で紹介する実践は，その好例ではないかと自負しているところです。では，校区で連携して創りあげた，各地版スタートカリキュラムを見ていきましょう。

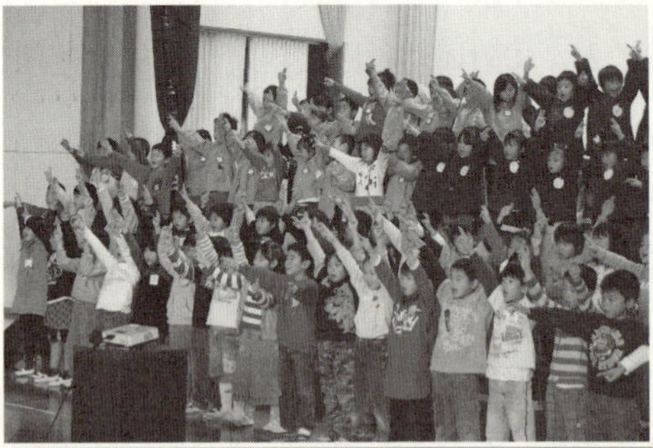

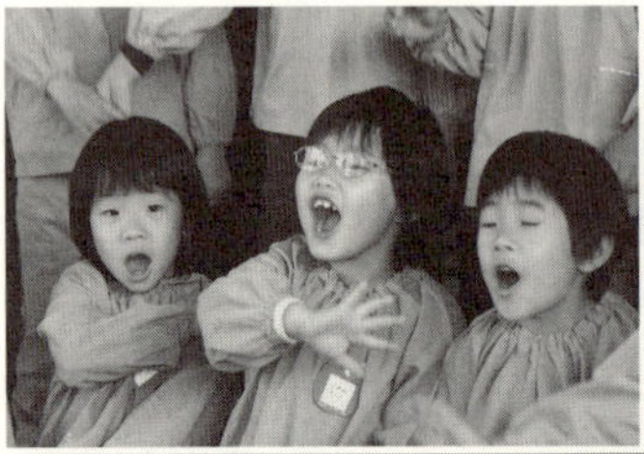

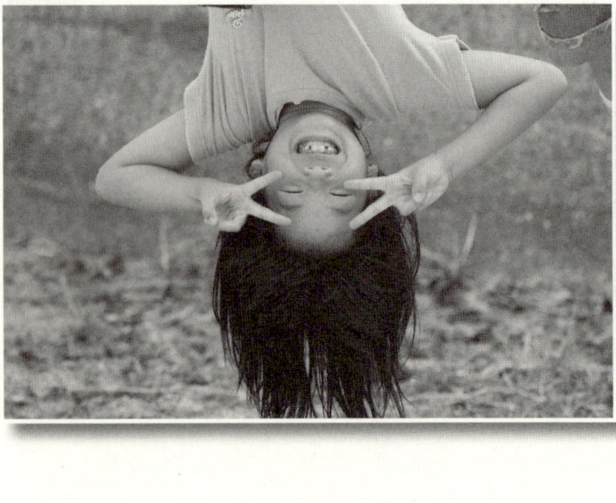

第2部
就学前教育と学校教育をつなぐスタートカリキュラム実践

　第2部に登場する学校園は，小1プロブレム研究当初から，ともに共同研究実践をしてきた大阪府内の学校園です。それぞれ地域的な特性を持ち，学校園の課題もさまざまですが，研究会で保幼小連携の実践を持ち寄り，切磋琢磨してきました。では，具体的に紹介していきましょう。

第1章　遊びと学びをつなぐスタートカリキュラム

　まずは，大阪南部の泉南市から，泉南市保幼小あり方プロジェクト（略称HAP）の報告です。行政と保育所・幼稚園・小学校が協働しながら，創りあげてきた連携カリキュラムが紹介されています。社会経済的にも家庭的にも厳しい状況にある泉南中学校区では，30年以上にわたって，6つの保育所・幼稚園・小中学校が連携を深めてきました。さらに近年は，この6校園所の実践を広げて，全市的に保幼小連携カリキュラムづくりを進めようとする意欲的な取り組みを始めました。保幼小教職員が知恵を合わせて，新たな気づきをもとに，相互理解を深めて保幼小連携カリキュラムを作成していったのですが，報告ではその協同的な作業の過程こそが重要だと述べられています。私も何度か，助言者としてこの作業に参加しましたが，忌憚のない意見を述べあえる信頼関係が相互に形成されていることを実感しました。このネットワーク支援に関わってきた市教育委員会の働きも大いに注目に値するところだと思います。

遊びと学びをつなぐ

泉南市保幼あり方プロジェクト（HAP）

☛ 1　はじめに　～活動の概要～

　泉南市の鳴滝地域教育推進会議（鳴滝第一・第二保育所，鳴滝幼稚園，鳴滝第一・第二小学校，泉南中学校，青少年センター）では，「地域の子どもたちの成長，発達をまわりのおとなたちの連携，協力で，地域ぐるみで育てていきたい」そんな思いで30年以上にわたって取り組みをつくってきました。今回，その一つの部会を母体に，研究協力園，サポート機関，教育委員会，健康福祉部の担当を交え，就学前と小学校への接続を視野に入れたプログラムを作成しました。それが泉南市保幼あり方プロジェクト（以下，略称「HAP」）の活動です。

☛ 2　HAPのめざすもの

　小学校入学時の子どもの実態を見ていくと，就学前期の遊びや生活を通して培われる力がぬけおちている場合があります。にもかかわらず，かつて小学校教育はその力を当然の前提としてスタートしていました。そのことに問題提起した大阪の教職員たちは同和教育のなかで「くぐらせ期」という概念を確立し，取り組みをすすめてきました。しかし今，残念ながら本市においては，この営みが確実に継承されているとは言い難い状況がありました。
　そのため，小学校スタート地点ではすでに存在していた学力差に対して，十分な取り組みができずに小学校卒業まで課題を残してしまう結果になる場合もありました。もちろん学力保障の主体を担うのは小・中学校です。しか

し，保育所・幼稚園・小学校がそれぞれ自己完結してしまったとき，不利になるのはいったい誰なのか，そのことを忘れるわけにはいきません。

大阪で，小学校と保育所・幼稚園の「段差」がクローズアップされて10年近くがたちます。そのなかでわたしたちは，保育所・幼稚園と小学校が連携し，教育保育内容のスムーズな接続を図ることで，学力を保障していくという視点を確立し，研究をすすめていきました。

3　HAPの活動

はじめに，保育所・幼稚園での遊びの中から小学校につながる力を明らかにし，その力がどのような場面に関係があるかを一覧表にまとめました。

次に，その一覧表を参考にしながら，就学前での遊びを分析し，学びにつながる力を拾い出し，指導計画案の形で書き込んでいくことにしました。

場面は「遊び」「生活」「活動」の３つに分け，「遊び」としては，数ある遊びの中から「ごっこ遊び」「砂と泥を使った遊び」「ルールのある遊び」の３つを選びました。また，「生活」の場面としては，「朝の会」「給食・弁当」の２つ，「活動」としては「菜園活動」「絵本」の２つを選びました。

これらの７つの遊びや生活，活動について，就学前と小学校のメンバーがいっしょになって一つの指導計画案を作成し，研究保育・授業にかけ，協議を行い，プログラムを作成しました。

プログラムづくりというめざすゴールを共有し，共通のイメージをもち，共に何かをつくる，という目的意識をもった論議は，これまで以上に保幼小の連帯を高めていったのです。

4　プログラム作成の視点

「遊び」がつながる先の「学び」については，学校教育法に規定された学

力の3つの要素，すなわち「①基礎的・基本的な知識・技能の習得，②知識・技能を活用して課題を解決するために必要な思考力・判断力・表現力等，③学習意欲」を視点にふまえることにしました。

さらに，研究当初には国語・算数だけの視点でとらえていた「学び」の視点に，音楽・体育に加え，さらに生活科の視点も大切に，ふまえることにしました。

5 実践例 〜「おみせやさんごっこ」より〜

1) 小学校から提起された実態 〜おつりをもらった経験があるか〜

子どもたちのなかには，日常生活の中で，買い物に行っても，自分でお金を渡した経験が少ない子どもがいます。またお金を渡す場合も，計算してお金を出したり，おつりをもらっているか，疑問な子どももいます（売り手の言うようにお金を渡しているだけ？）。したがって，「〇円」と聞いても，「●円玉を何枚，△円玉を何枚」渡していいかということも難しい場合があります。なかには，100円玉を1枚渡して，10円玉で何枚かおつりをもらうと「増えた」と考えている子どももいるのです。

今後，高学年になるにしたがって，足し算・引き算の世界だけでなく，複数の種類のものを複数個ずつ買うときの四則混合計算や「〇割引」「〇％引き」などの計算が求められるようになります。実際の生活のなかに算数を活用するためにも，疑似体験を通して考えることは重要です。

加えて，商売の仕組みや，品物の流通，賞味期限や製造年月日，製造地（製造国）について知ることは，社会のしくみを知ることにつながり，賢い生活者として生きることにつながっていくと考えます。

2)「おみせやさんごっこ」のねらいの系統性　～4歳から小学校～

> 4歳児
> - 売り手と買い手になって，お店やさんごっこ（やりとり）を楽しむ
>
> ↓
>
> 5歳児
> - 売り手と買い手の役割を果たす
> - ルールを守って遊ぶ
> - 話し合い，協力して，遊びをすすめていく
>
> ↓
>
> 小学校低学年
> - ものの値段のリアル性（生活感覚）
> - おつりの計算（＋・－）
> - お店の工夫（役割分担，広告，値札，張り紙，ポスターなど）を知り遊びに生かす
>
> ↓
>
> 中学年以上
> - 値段の違う物をそれぞれ複数買う（四則混合）
> - 消費税や割引の計算
> - 買い手（生活者として）の工夫（どちらが得かの計算など）
>
> ---
>
> 保育所のお店屋さんごっこ 
>
> さあ，買った！　買った！ 　　　毎度，おおきに！ 　　　本物みたいでしょ！

共通（4歳～小学校）
- 遊びの中で自分の思いを出しながら，友達の思いにも気づく（遊びを通して人間関係）
- 地域のお店やさんに興味をもち，その働きを知る（働く人との出会い）

3) 作成したプログラム

5歳児

◎ねらい　○遊びの中で自分の思いを出しながら、友達の思いにも気づく
　　　　　○地域のお店やさんに興味をもち、その働きを知る
　　　　　○売り手と買い手の役割を果たす
　　　　　○ルールを守って遊ぶ
　　　　　○話し合い、協力して、遊びをすすめていく

◎プログラム

子どもの活動	留意点	つながる力
①地域のスーパーやお店やさんに見学に行く	・いろいろなお店の絵本や写真を見せて、意欲をもたせてから見学にいく	◎ものの名前を知る ◎質問する力
②おみせをつくろう ○どんなお店やさんをしたいかを話し合う	・お店やさんのイメージがわくように、子どもたちから出たものを、イメージが共有できるように図にする	◎イメージ力 ◎考えを話す ◎聞く力
○グループに分かれて、自分たちで考えた物をつくる (品物、店の飾り、看板、エプロン、買い物バッグ、お金、ポシェット等)	・図をもとに、意見が出るようにする ・遊びのルールを考えさせる ・教具の使い方や材料の特徴に気づくようにする ・子どもたちのアイデア・工夫を評価し、共につくり方を考えていく	◎ものの名前を知る ◎店の工夫 ◎店の仕組み ◎生活者としての知恵 ◎手先・指先の力 ◎ルールの創造
○品物を並べたり、飾り付けをしたり、お店をつくる	・友だちと意見を出し合い、お店のイメージを共有しながら進めていけるように配慮していく	◎店の工夫 ◎店の仕組み ◎イメージ力

○売り手，買い手に必要な言葉やお金について話し合う	・「いらっしゃいませ」「いくらですか？」「ありがとうございます」等のやりとりを確認する ・売り買いの仕方，店の人，お客さんそれぞれの立場で，品物とお金のやりとりや会話・買い物のルールを理解させていく	◎売り買いのやりとりの言語を知る ◎金銭感覚 ◎考えを言う ◎話を聞く ◎ルールの理解
③グループに分かれておみせやさんごっこをする	・グループで役割を決めていく ・どうしていいかわからない子には一緒にしたり，友だちの遊びの様子を知らせていく	◎役割の理解 ◎大きく口をあけて声を出す ◎モデルの模倣
交替する	・手作り時計等を使って交替する時間が理解できるようにしていく	◎時間の意識 ◎時間の流れ
片付ける	・また遊ぶことを考え，分類しやすいように箱などを用意する ・がんばって片付けている姿を認め，まわりの子にも知らせ，片付けの意欲が持てるようにしていく	◎見通す力
④遊びをふり返って話し合う	・今日の遊びで感じたことを話したり，友だちの話を聞いたりして今後の遊びに期待を持たす ・困ったことがあればどうしたらいいか，みんなで考えられるようにする	◎思ったこと，感じたことを話す ◎話を聞く

小学校　生活科「校区たんけん」の発展として

◎ねらい　○売り手（店）の工夫を知る

　　　　　○買い手（生活者として）の知恵を学ぶ

　　　　　○身の回りにある材料を使って，品物をつくることができる

　　　　　○お金の感覚を養う

　　　　　○引き算の計算ができる（学年に応じて）

　　　　　○グループで活動を通して友だちと楽しく活動できる

◎プログラム

学習の流れ	留意点
①校区探検 ・校区にある店を見学して，お店の様子を知る	働いている人・お客さん・売り場の様子などに注目するよう声かけをする
②スーパーマーケットをつくろう！ ○どんなお店にするか考える ○グループと店を決める ・店ごとにやりたい子が集まる（または，グループでやりたい店を決める）	・子どもの実態に合わせて，グループ・店の決め方を考える ・コミュニケーションや計算などのモデルになるよう，多様な子どもの組み合わせを考える
○スーパーマーケットの仕組みを考える ・何を何円で売る？ ・商品やお金は何でつくる？ ・だれがお客さんになる？ ・買い物をするときのルールは？ ・どうやって宣伝するか？	・普段の買い物の様子や，見学時のことを思い出したり，チラシを見て，イメージをふくらませる ・チラシを見ることで，商品の相場が分かるように，同じ種類のチラシをいくつか用意し，比べられるように配慮する ・お客をよぶために，ちらしにどんなことを書くか考えさせる

・お客さんへのサービスは？	
○必要なものをつくる	・材料や大きさに気をつける
・商品・お金・チラシ・ポスターなど	・実際にお金を見せて，コインの大きさが違うことに気づかせる
○スーパーマーケットの準備 ・店の飾り付け ・商品の陳列 ・接客の練習 ・おつりを渡す練習　など	・お店の様子を思い出し，商品の置き方・声かけを考えさせる ・計算の習熟をさせておく ・お釣りに何円玉を使えばよいか，感覚を養う（例えば，60円のお釣りだと，10円玉6個ではなく，50円玉と10円玉で渡す）
③スーパーマーケット開店 ・客に満足してもらう工夫 ・いろんな店の工夫をさがす ・自分たちも楽しむ	・ルールを守れるようにする ・売り方や接客の仕方など，工夫しているところを評価する ・困ったことが起こった場合には，自分たちで解決する方法を見つけることができるように，声をかける
④ふりかえり ・自分たちが工夫したところ，ほかの店が工夫していたところなどを出しあう	・工夫している点と共に，そのことを見つけたことも評価する ・具体的に評価し，次への意欲につなげる 「○○さんはお客さんに見えやすいように商品を並べていたね」「おつりを間違えないように計算の練習をしていたね」など

6 実践例 ～「絵本」のプログラムより～

4・5歳児

◎ねらい　○絵本が好きになる⇔お話の楽しさ⇔みんなで一緒に絵本を見る楽しさ（感じたこと，体験したことの共有）
　　　　　○絵や言葉からイメージする力を育てる

◎プログラム

子どもの活動	留意点	つながる力
①絵本を楽しみにして先生のそばに集まる	・リラックスして座れるよう，言葉をかけたり，手遊びをしたりする	◎集中して話をきこうとする力 ◎絵を読み取るイメージ力 ◎時間の流れ
②絵本を読んでもらう ○表紙を見る	・子どもの反応を受けとめ，イメージや期待が膨らむようにする	◎物や事柄を言葉で理解する ◎実体験と重ねての登場人物への共感
○絵本をみる・話をきく	・次の展開を予測したり，イメージしたりできるよう，声のトーン，リズム，速さ，話す表情，ページをめくる間などを工夫し，ゆっくりと絵を見て感じ取れるようにする	◎文字への興味 ◎言葉のおもしろさの実感 ◎次の展開予想 ◎非現実的な世界への想像力
○感じたこと，気づいたことを表現する	・絵に注目させたり，個別に語りかけたりして，読み方を工夫する	◎知的好奇心 ◎友達との共感
○裏表紙を見る		
③自分の感じたことや気づいたことを話したり，友達の話を聞いたりする	・「この時の△△（登場人物）は，どんな気持ちだったのかな？」「自分だったらどうするかな？」など発問する ・友達との共感や意見の違いを知ることで，人にはいろいろな感じ方やそこにつながる背景があることに気づく	

第1章 遊びと学びをつなぐスタートカリキュラム 125

| 小学校（1年生国語物語文） |

◎ねらい

"絵本を読む楽しさ"から，"絵を読み取る力""絵と絵の間を読み取る力"へ。さらに"文章を読める力"へ。

○頭の中で，場面の様子や主人公の表情などがイメージできる

○音読を通して，擬態語や擬音語・リズムを感じ言葉のおもしろさがわかる

◎プログラム

子どもの活動	留意点
①全文を通読し，物語の大筋をつかむ	・教師が範読する ・思ったこと，感じたことなどの意見が出るようにする
②分からない言葉の意味を知る	・場面分け ・分からない言葉に印つけ
③場面ごとに読み取る ○登場人物の様子を想像する	・おさえておきたい表現を明確にする ・動作化 ・劇化 ・実物の提示 ・表象化（絵・図・音など）
○登場人物の気持ちを考える	・おさえておきたい表現を明確にする ・ワークシートの吹き出しへの記入
④読み取った内容の表現読み	・読み取った内容を思い出しながら，登場人物に分かれて，表現読みをする

研究で確かめたこと　〜「絵を読む」力を，小学校でも……　〜

　物語文では，文章を読んで場面をイメージする力が求められます。そこで，保・幼で培ってきた，絵本において「絵を読んだ」経験，絵と読んでもらった文章をつなげて考えてきた経験が大事になってきます。テストの影響か，小学校に入った途端，文や言葉だけで考えることになりがちですが，教科書にある挿絵にも注目してイメージを広げることが大事なことが研究のなかで確認されました。絵を読むスキルを保幼から学びながら……。

資料 「つながる力」表の一部 （例「数量」「時間」領域）

領域	つながる力	保育所・幼稚園での遊びや生活の場面
数量	・4または5までの直感量	・プール遊び（宝さがし）の時に「4こ見つけたらもっておいでと声をかける ・給食のクッキーを2枚ずつ配る ・グループの人数を数えて配る
	・数と量との一対一対応（10まで）	・給食当番が人数分のお皿を用意する ・机の脚にビニールをかぶせる（色水遊びの準備） ・収穫物の個数（菜園活動） ・つった魚の数を数える（魚つりゲーム） ・楽器の鳴る音の回数に合わせて「○人組」をつくる
	・多い・少ない…「色」「大きさ」などの範疇を捨てて	・収穫量の比較（菜園活動） ・虫取り ・魚つり・すくい
	・二量比較（直接比較）→三量間接比較	・「多少」（カップからあふれる水）、「濃薄」（色水遊び）、「冷温」（水道の水が冷たい） ・プール（深い・浅い） ・七夕かざり（長い・短い） ・ゲームの獲得物の比較 ・貨物列車（長い・短い） ・積み木（高い・低い） ・山づくり（砂場遊び）（高い・低い） ・穴掘り（砂場遊び）（深い・浅い）
	・量の感覚（のり・あふれる水） ⇒ 見通す力	・花びらとスプーン一杯の水（色水遊び） ・水の量と色水の濃度（色水遊び） ・ペットボトルの印の線まで水道から水を入れる（色水遊び） ・小さな容器にあふれそうになるとあふれる前に大きな容器を探して入れ替える（色水遊び） ・のりを適量指につける ・吹く息とシャボン玉の関係 ・新聞をつなぎあわせた広さと感覚 ・砂・土と水の関係（泥団子づくり・砂場遊び） ・枠の中に絵をかく ・混色（スライム） ・バケツややかんに水を入れる（砂場遊び）
	・なかまあつめ（上位概念と下位概念）	・食べ物バスケット ・魚鳥木申すか申すか
時間	時間の経過	・料理のつくり方（レシピ） ・トラブルの解決 ⇒ 原因と結果・もめごと解決
	時間の順序（朝・昼・晩、昨日・今日・明日、春夏秋冬）	・お便り帳に判を押す ・絵本 ・紙芝居
	・時間の意識（～する間、体内時計）	・「長い針がここにくるまで休憩」とその他、給食の場面やさまざまな場面で声をかける（アナログ時計） ・10数える間に並ぶ ・10読む間、からだをこする（乾布まさつ）
	・一日のながれ・一週間のながれ・時間のながれ ⇒ 見通す力	・あとかたづけ（決められた順序で） ・食べ終わる時間を知らせる ・朝の会での一日のながれを知らせる
	・順番がわかる	・遊びや生活のなかでのルール
	・速い・おそい	・すべり台 ・川遊び（砂場遊び）

第2章 人間関係づくりプログラムでつながる スタートカリキュラム

　2つめに紹介する，大阪北部にある箕面市立萱野幼稚園と萱野小学校も，連携を長年進めてきた学校園です。その成果は毎年，独自の公開研究会で報告されており，この研究会の参加者は全国から集まってくるという盛況ぶりです。
保護者が総合学習の企画段階から参画して，ともに教育を進めている先進校でもあり，いつ訪問しても，学校支援に訪れている保護者の方々に必ず出会うという，まさに「地域に開かれた学校」なのです。私も，萱野小で度々アクション・リサーチをしてきましたが，中でも感情のポスター「いま，どんなきもち？」を使った小1プロブレム克服の取り組みは，拙著『子どもがつながる学級集団づくり入門―若いせんせいに送るラブレター―』第14章〜16章に詳しく記述してありますので，関心のある方は，本書とあわせて是非ご覧いただきたいと思います。

幼小人事交流とスタートカリキュラム　〜人間関係づくり〜
箕面市立かやの幼稚園・萱野小学校

■▷ 1　大阪府公立幼稚園・小学校の人事交流事業を受けて

　箕面市内には6園の公立幼稚園と13校の公立小学校があります。その中で、かやの幼稚園と萱野小学校だけは両者を隔てるフェンスが1枚もなく敷地がつながっています。そんな環境を生かし、年間計画を立てて行う年長児と一年生の交流行事以外にも、人権総合学習などで他学年の子どもたちも幼稚園の子どもたちとの交流を行ってきています。

　2006年度・2007年度の2年間にわたり大阪府の「公立幼稚園・小学校の人事交流事業」を受けました。小学校の教員が幼稚園に、幼稚園の教員が小学校にと、人が行き来をすることで見えてきたものから、萱野小学校としてのスタートカリキュラムをかたちづくっていきました。

■▷ 2　"段差"を"跳び越えてみたくなるハードル"へ

1)　安心できる人間関係を基盤に

　事業一年目は互いの実践を伝えあい、共通点や違いを交流しようと考えました。保育・教育環境についての交流から、幼稚園は遊びの環境設定を大切にし、小学校では授業づくりに重点がおかれていることが見えてきました。幼稚園から小学校への接続期の取り組みについても話しあいました。就学までにどれくらい文字に親しませるか、鉛筆を使う経験をさせるかといったことがしばしば論議になることがありますが、これらのスキルの習得に対する

考え方についても率直な意見交換を行いました。一方で，幼稚園でできていたことが，小学校で「一年生にはできないこと」として捉えられていることもあることを共有し，互いの取り組みに生かしていくことができました。

　幼稚園でも小学校でも，子どもと子どもをつなぐ「人間関係づくり」を大切にしている点は共通していることから，あたためあう関係の中で子どもたちの自己肯定感を育み，互いに認めあえる人間関係をすべての教育活動の基盤とすることを確認しました。

2) 教育内容での連携

　人事交流や研究保育・研究授業を通した交流，合同研修会を持つ中で，それぞれの大切にしていることや，よさなどを伝えあうことができました。二年目はさらに教育内容について連携を深めることをめざしました。

　「幼稚園から小学校への滑らかな接続をめざす」ことをねらい，「段差」について話しあいを進めていきました。その結果，子どもたちが達成感を味わいながら成長していくためには，つまずいてしまうような「段差」を，個々の力に応じた「跳び越えてみたくなるハードル」に変えていくことが必要だということが確認されました。そのためには幼稚園からの積み上げ，小学校からの歩み寄り，どちらも必要不可欠であることを前提として，幼稚園でつけてきた力がどのように小学校での力に結びついていくのか，幼稚園でのスモールステップの設定の方法など，互いの大切にしているものを交流する中で，少しずつ「ハードル」に変える方法が見えてきました。

➡ 3　かやの幼稚園のとりくみ

1)　"段差"を乗り越えてみたいと思える子どもを育てるために

◎子どもの自尊感情を育むために，子どもから「引き出す場面：園所や生活

の中で既に身につけていること」と「教える場面：小学校で初めて習うこと」を教職員が意識して使い分けることが大切。

◎小学校の学習内容に向けて幼稚園でその学習内容につながることを教えるよりも，「やってみたい」という気持ちを育てることが大切。

◎幼稚園ではスモールステップで「やった！」と思えるように取り組んでいる。

　　例）はさみ：持ったことがないことを前提に，細かいステップで遊びを通じて学んでいく。　1回切り→連続切り→紙送り……

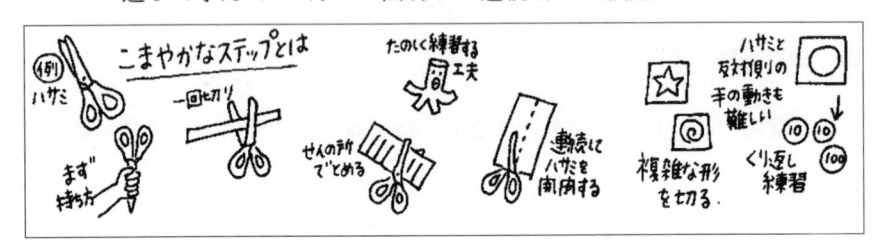

◎子どもの思いを大切にする。

　　例）絵画：幼稚園では思いを大切にし，描きたいことを描けるところから描く。一つの紙面に矛盾があってもいい。

　　　　絵の具：いつも溶いた絵の具を用意し，使ってみたい時に使えるようにしておく。つけすぎないよう分かりやすい言葉「泣かないで」（筆から垂れる滴を涙に見立て，涙が落ちないように容器の淵で筆をしごく）で教える。

◎幼稚園では子どもが文字を知らないので，写真や絵で理解できるようにしている。

　　例）着替えの手順を大きな写真で図示。写真の大きさや枚数など示し方にも工夫がある。

◎文字・言葉に親しむことができる保育内容を設定している。

　　例）クレパス：力を入れて線を書く練習。年少では線，年長では面（塗りこみ），鉛筆指導につながる。

　　　　運筆・線あそびのワークブック

絵日記：子どもが言ったことを書き取る。「先生に伝えたい」「言ったことが文字になるのが楽しい」「文字になったものを読んでもらえるのが楽しい」などの気持ちを育てることを大切にしている。

読み聞かせ：ほぼ毎日，帰る前に行う。

2) ぽかぽかタイム ～異年齢交流での活動とシェアリング～

かやの幼稚園では人とかかわる力に重点を置き，保育を組み立てています。その中で年間を通して積み重ねていくのが異年齢交流「ぽかぽかタイム」です。年少児（4歳児）と年長児（5歳児）のクラスを解体して，異年齢交流クラス（ぽかぽか組）をつくり，ペアやグループでふれあい遊びを楽しんだり，グループで協力して行事に取り組んだりします。

その中で一番大切にしている時間がシェアリングの時間です。「シェアリ

ポカポカタイムでシェアリング　～自分が話をしていない子もいろいろなことを感じています～

【ほかほかタイム】
①ウォーミングアップ
　かんたんなふれあい遊びなど
②エクササイズ
　メインの活動（そのときの子どもの実態やねらいに即したもの）
　例「新聞島のりゲーム」
　　「なべなべそこぬけ」
　　「体ジャンケン」　など
③シェアリング
　活動のふりかえり

△みんなの顔を見ながら交流します

ング」は「ふりかえり」や「分かちあい」といった言葉に置き換えることができます。活動の中で感じた気持ちや，気づいたことを言葉にして，友だちや先生に伝えます。先生は子どもの思いを引き出すような声かけを意識しながら，シェアリングをコーディネイトしていきます。その中で子どもたちは様々なことに気づき，友だちのことを知りつながっていきます。

　はじめの頃は「楽しかった」の一言だけだったりしますが，だんだん「○○くんと○○したから嬉しかった」など理由をつけたすことができたり，「最初は嫌やなぁと思ってたけど，やってみたら楽しくなってきた」など，気持ちが活動の中で変化していく様子を表現したりできるようになっていきます。

　こうしたシェアリングを積み重ねることで，友だちが自分の気持ちを受け止めてくれると感じ，子どもたちがつながっていきます。毎回すべての子が話すわけではありませんが，その時にしゃべっていない子も，友だちの話を聞いて共感することができる大切な時間です。

幼小連携をすすめ，お互いの取り組みを知りあうことで，この「シェアリング」が小学校での「ふりかえり」につながっていくことをお互いに確認することができました。

4 幼小で連携した人間関係づくりカリキュラム

1) 子どもと子ども・子どもと学びをつなぐ

　子どもたちの「やってみたい」という気持ちを育てるためには、体験を通して感じたことを言葉で共有し、次への意欲へと結びつけることが大切です。自分の考えや気持ちを言葉にしてやりとりすることを通して、安心できる人間関係の基盤を築くとともに、新たな価値観を身につけたり学びを深めたりすることにつながると考えます。

　互いを認めあえるあたたかい人間関係の中で、しっかりと自己肯定感が育まれていき、自分のこと、友だちのこと、ものごとを肯定的に捉えられる力が積み上がっていきます。そうした力をもとに自分の思いや考えをやりとりすることで、安心できる人間関係を築くとともに、「もっと知りたい」「こんなことやってみたい」といった新たな世界へ踏み出していける力につながると考えます。

　幼稚園との人事交流の中で「シェアリング」に着目し、小学校も授業の中に位置づけていくことで、人間関係づくりの学力の部分の「知」的側面と、気持ち育ての部分の「情」的側面をともに高めていくことをめざしました。

2) シェアリングを手がかりに

　幼稚園と小学校で互いの違いを知ったり、合同研修などを通じて教育内容での連携を話しあったりする中で、幼稚園で大切にされている、子どもの気持ちを言葉で引き出し、子どもたちどうしをつなぐ「シェアリング」を小学校の授業の中に位置づけることで、安心できる人間関係を築く力と共に、学びを高めあう力を積み上げていくことをめざしました。小学校でこれまで取り組んできている「伝えあい」や「ふりかえり」の意味を再確認し、子ども

```
子どもと子ども・子どもと学びをつなぐ授業づくり

「知」的側面
・学びの高まり
・価値観の広がり

                学びを高めあう人間関係づくり

          ふりかえり    いいところみつけ

              伝えあい    シェアリング
  言葉の力
                              ・安心できる人間関係
            人間関係を築く力        ・自己肯定感の高まり

                                      「情」的側面
```

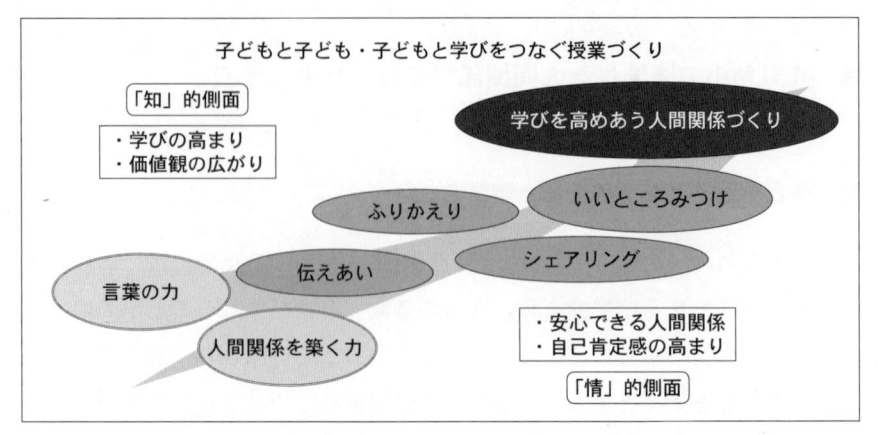

▲ 「知」的側面と「情」的側面を高める授業づくり

たちの発達段階に応じたねらいを話しあっていきました。

　まず自分の気持ちを言葉で表現し，受け止めあうことをめざす「シェアリング」，そうした人間関係を基盤に授業の中で互いの考えや意見をやりとりし，新たな価値観を身につけたり，自己の学びを深めたりする「伝えあい」，学習活動をしっかりと振り返ることで，自分にはどんな力がついたのか，足りなかったところはどういうところなのかといったことをメタ認知していく「ふりかえり」を系統立てていきました。

　その中で自分や友達，ものごとの「いいところ」に目を向け，肯定的評価のやりとりを積み重ねていくことを小学校の文化として大切にしていくことを確認しました。

　2007年度1年生の人間関係づくり「ぽかぽかワールド」では，安心できる人間関係を築く手がかりとして，幼稚園での「ぽかぽかタイム」で大切にしてきた，活動を通しての自分の思いを話し言葉で表現し，友達と共有することで子どもたちをつなぐ「シェアリング」を取り組みの柱に位置づけていきました。それが次の表です。

第2章　人間関係づくりプログラムでつながるスタートカリキュラム

❀幼稚園：「ぽかぽかタイム」（異年齢クラスでの活動）の取り組みより
- ふれあい遊び → エクササイズ → シェアリングの流れで活動を展開している
- エクササイズでは，大きな接触は幼い子どもでも抵抗感があるため，小さな接触からはじめる
　シェアリングで，エクササイズをしてみて感じた気持ちを話し言葉として引き出し，共有していく。

| シェアリングで大切にしていること | → | ・約束の確認
・自分の気持ちを言葉にすること
・友だちの思いを聞く
・同じ体験を通しての感じ方の違いを知る・共感する |

　　　　　　　　　　　　　　　　　　　　　　　成　果 ⬇

- 年長としての自信や自覚がもてるようになる
- 年長の子の言い方をまねて言うことで，年少の子どもの言葉や表現が豊かになっていく
- 「自分たち年長さんのように頑張ろう」と，次年度への期待感が高まる

・子どもと保護者の対話のなかでほめられ，次への意欲が生まれるようにするために，保護者に活動のねらいと内容，子どもたちの様子を伝える（帰りの時間，連絡帳，園だよりなどを活用）

❀2007年度１年生：「ぽかぽかワールド」の取り組みより
・子どもの人間関係を広げることをねらいとした。

| シェアリングで大切にしていること | → | ・自分の気持ちをメタ認知する
・友だちの思いを聞く
・同じ体験を通しての感じ方の違いを知る・共感する
・子どもの心の揺れが見えた場面をとらえ，思いを引き出す |

　　　　　　　　　　　　　　　　　　　　　　　成　果 ⬇

- 「楽しみたい」「ちゃんとしたい」などの，互いの気持ちのずれに気づくことができた
- 入学して間もない頃の書くことが難しい時期に，文字で書き表すよりリアルにその場で交流できる
- シェアリングを繰り返すことで，前回出たことを活かして活動することができた

・「付けたし」や「聞いて思ったこと」を出しあい，深めていく
・シェアリングを教科学習の意見交流などの場面につなげていく
　→算数での意見交流型学習など

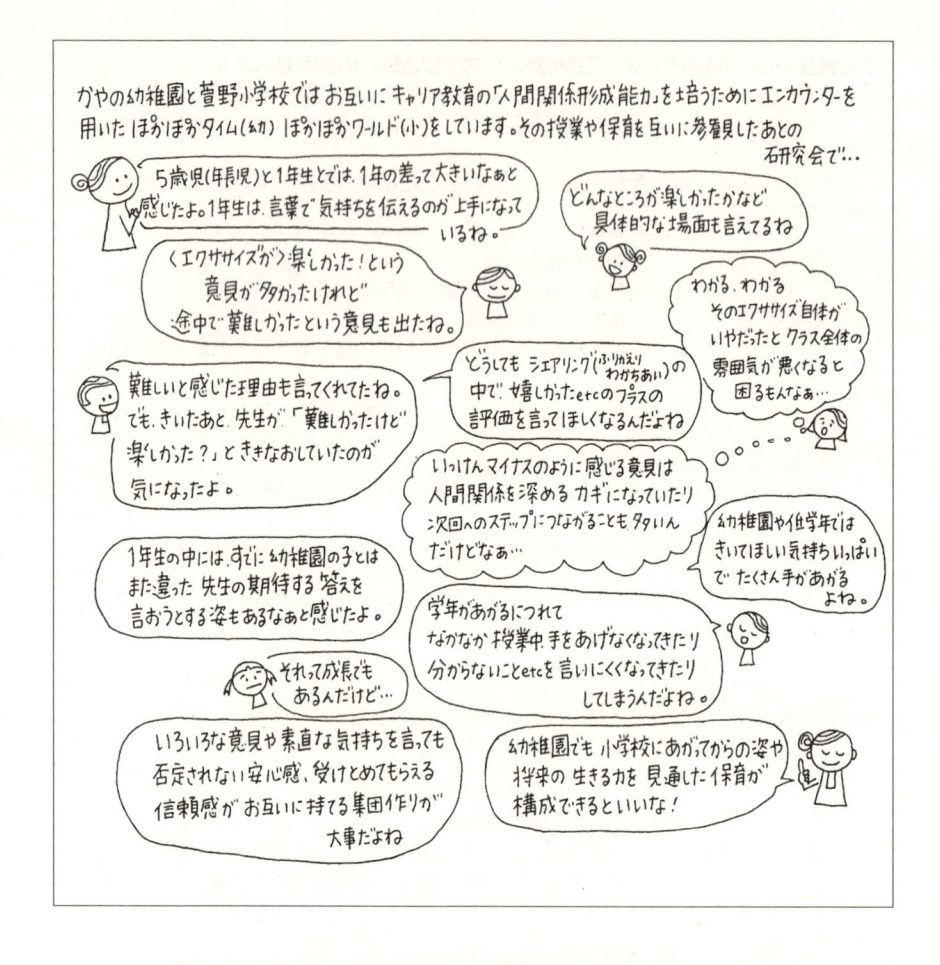

[手書きイラスト：かやの幼稚園と萱野小学校の合同研究会での意見交換の様子]

> かやの幼稚園と萱野小学校ではお互いにキャリア教育の「人間関係形成能力」を培うためにエンカウンターを用いた ほかほかタイム(幼)、ほかほかワールド(小)をしています。その授業や保育を互いに参観したあとの研究会で…

- 5歳児(年長児)と1年生とでは、1年の差って大きいなぁと感じたよ。1年生は、言葉で気持ちを伝えるのが上手になっているね。
- どんなところが楽しかったかなど具体的な場面も言えてるね。
- 〈エクササイズ〉が楽しかった！という意見が多かったけれど、途中で難しかったという意見も出たね。
- わかる、わかる そのエクササイズ自体がいやだったとクラス全体の雰囲気が悪くなると困るもんなぁ…
- 難しいと感じた理由も言ってくれてたね。でも、きいたあと、先生が「難しかったけど楽しかった？」とききなおしていたのが気になったよ。
- どうしても シェアリング(ふりかえり わかちあい)の中で、嬉しかったetcのプラスの評価を言ってほしくなるんだよね
- いったんマイナスのように感じる意見は人間関係を深めるカギになっていたり次回へのステップにつながることも多いんだけどなぁ…
- 幼稚園や低学年ではきいてほしい気持ちいっぱいでたくさん手があがるよね。
- 1年生の中には、すでに幼稚園の子とはまた違った 先生の期待する答えを言おうとする姿もあるなぁと感じたよ。
- 学年があがるにつれてなかなか授業中、手をあげなくなってきたり分からないことetcを言いにくくなってきたりしてしまうんだよね。
- それって成長でもあるんだけど…
- いろいろな意見や素直な気持ちを言っても否定されない安心感、受けとめてもらえる信頼感がお互いに持てる集団作りが大事だよね
- 幼稚園でも 小学校にあがってからの姿や将来の生きる力を見通した保育が構成できるといいな！

✏ 5 萱野小学校としてのスタートカリキュラム

1) 「シェアリング」から「伝えあい」「ふりかえり」へ

　幼小で合同研修や互いの授業研究会に参加する中で, 幼稚園で大切にしている「シェアリング」に着目し, 小学校での授業の中で子どもたちが自分の思いを表現したり, 互いに認めあう人間関係を築く力を積み上げたりしてい

くことをめざしました。その中で大切にしているのが肯定的評価のやりとりです。自己肯定感を高めるとともに，友達やものごとの「いいところ」に目を向けることであたためあう人間関係を築き，その関係を基盤にして価値観の広がりや学びの高まりにつな

△「あのなぁ，いまのきもちはなぁ……」

げていきます。幼稚園が「シェアリング」で大切にされていたことを，子どもたちの発達段階に応じて授業の中での「ふりかえり」「伝えあい」といった活動にも位置づけていきました。

2） スタートカリキュラムとしての人間関係づくり

　萱野小学校では，人間関係づくり，基礎学力保障，人権総合学習の3領域を柱に子どもと子ども，子どもと学び，子どもと社会をつなぐ教育活動を進めています。

　1年生ではすべての教育活動の基盤である安心できる人間関係をしっかりと育むことに重点をおき，人間関係づくりを中心に据えた取り組みを積み重ねています。「いま，どんなきもち？」「きょうのキラキラさん」「いいところみつけ」などの取り組みを人権教育カリキュラムの中に位置づけ，年間を通じて継続的に取り組んでいます。

3） 期間を設定した集中的な入り込み

　入学直後の1年生への入り込みを，6月上旬をめどに人権教育担当グループが集中的に行い，環境の大きな変化の中で戸惑ったり揺れたりする子どもたちに対して，多くの目で見守る学校体制をとっています。生活指導も含め

た学習規律を確立することで安心できる人間関係の礎を築き，スムーズに小学校生活をスタートできるように支援しています。

また，1学期には子どもたちの出身園所の先生方もお招きして，一日参観を実施しています。小学校での子どもたちの姿を見ていただき，成長を感じていただくと共に，事前の引き継ぎ会議で話しきれなかった子どもたちの様子についても担任と直接交流できる場になっています。

4) おわりに

前述してきたように，萱野小学校には明確な「スタートカリキュラム」があるわけではありません。引き継ぎ会議で得た情報をもとにしながらも，入学してきた子どもたちの姿を出発点に，「こうなってほしい」という未来の姿を描きながら，すべての教育活動を組み立てていきます。

保幼小連携の中で見えてきたさまざまな違いを「段差」ではなく「跳び越えてみたくなるハードル」にしていく手がかりとして「シェアリング」に着目し，子どもたちが安心して過ごすことのできる人間関係を自ら築いていける力を育むことをめざしています。一人ひとりの自己肯定感をしっかりと高めていくと共に，互いに認めあえる人間関係を築きながら，肯定的評価のやりとりや学びの伝えあいなどを通して，気持ち育てと学力保障の両側面を意識した取り組みを授業の中に位置づけています。

今後も保幼小連携を丁寧に進めていく中で，子どもの姿を出発点に「こうなってほしい」という未来の姿を共に描きながら，萱野小学校としてのスタートカリキュラムをかたちづくっていきたいと思います。

第2章 人間関係づくりプログラムでつながるスタートカリキュラム 139

【資料】2009年度 1年生人権教育カリキュラム
2009年度 人権カリキュラム 1年

ねらい
・友だちとのふれあいの中から、よりよい人間関係を築いていく。
・様々な人との出会いを通して、多くの人に支えられていることに気づく。
・読書やことば遊びの活動を通して、言葉のもつおもしろさを味わう。

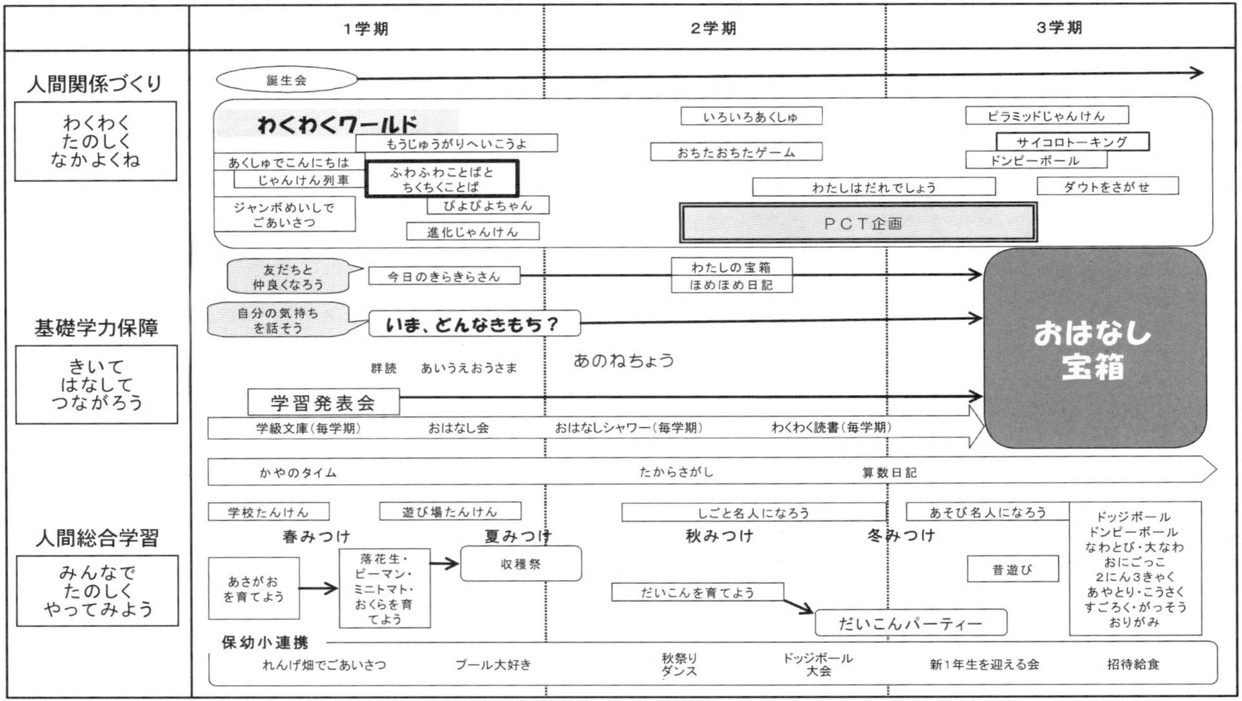

	1学期	2学期	3学期
人間関係づくり わくわく たのしく なかよくね	誕生会 **わくわくワールド** あくしゅでこんにちは／もうじゅうがりいこうよ／ジャンボおいしでごあいさつ／ふわふわことばとちくちくことば／じゃんけん列車／とまどちゃん／進化じゃんけん	いろいろあくしゅ／おちたおちたゲーム／わたしはだれでしょう PCT企画	ピラミッドじゃんけん／サイコロトーキング／ドッヂビーボール／ダウトをさがせ
		おはなし宝箱	
基礎学力保障 きいて はなして つながろう	群読／今日のきもちさん／友だちと仲良くなろう／自分の気持ちを話そう 学級文庫（毎学期） 学習発表会	**いま、どんなきもち？** あのねちょう おはなしシャワー（毎学期） わたしの宝箱／ほかほか日記 おはなし会	わくわく(読書、毎学期) 算数日記
人間総合学習 みんなで たのしく やってみよう	かやのタイム 学校たんけん 春みつけ あさがおを育てよう 保幼小連携 かんげ小道でのあいさつ	遊び場たんけん 落花生・ピーナッツ・ミニトマト・おくらを育てよう 夏みつけ → 収穫祭 おはなし会 プール大好き	たからさがし しごと名人になろう 秋みつけ ドッヂボール大会 だいこんを育てよう 秋祭りダンス あそび名人になろう 昔遊び 冬みつけ だいこんパーティー 新1年生を迎える会 招待給食 ドッヂボール／なわとび・大なわ／2にんさんきゃく／おにごっこ／あやとり・こうさく／すごろく・がっこうおりがみ

第3章 多文化共生教育でつながるスタートカリキュラム

　3つめは，大阪中部に位置する八尾市立高美南小学校です。高美南小は，大阪府内でも有数の多文化教育がさかんな学校です。韓国・朝鮮にルーツを持つ子どもたちや，中国・ベトナムから渡日してきたニューカマーの子どもたちなど，外国にルーツを持つ子どもたちが4分の1を占める学校です。ここでは，就学前教育と学校教育の段差だけでなく，日本文化と母国文化の段差や双方の家庭文化の段差も大きく，新入期の子どもたち支援には新たな視点も求められています。「違いを豊かさに」ということば通り，豊かな実践が行われている高美南小学校ですが，今回は，多文化教育を視野に入れた「スタートカリキュラム」の取り組みが紹介されています。

　私はかつて，この高美南小で1年間にわたって，最初の小1プロブレムに関するアクション・リサーチをしました。「いつクラスに入ってもOK」というオープンな受け入れに甘えて，当時の1年生担任と子どもたちから多くを学びました。「小1プロブレムは克服することができる」「1年生が持っている可能性は偉大だ」という確信を与えてくれたのも，高美南小の教師たちと子どもたちでした（この愛すべき子どもたちや奮闘した先生たちの記録は，拙著『「小1プロブレム」に挑戦する―子どもたちにラブレターを書こう―』で詳述しています）。この多文化の学校環境で，子どもたちが今，どんなスタートカリキュラムを始めているのか，じっくりと味わっていただきたいと思います。

違いを豊かさに ～多文化共生教育でつながるスタートカリキュラム

八尾市立高美南小学校

■ 1　外国人児童の現状・支援の必要性とその課題

　近年，さまざまな地域で渡日する外国人の数が増加しています。大阪府八尾市でも増加傾向にあります。八尾市の外国人登録者は，韓国・朝鮮をはじめ，中国，ベトナム，タイ，フィリピンなど多くの国にわたっています。府内の学校の中でも八尾市には，日本語指導が必要な外国人児童生徒が多数在籍しています。今までは本校のように，外国にルーツのある人がたくさん住んでいる地域を校区に有している学校に，集中して外国籍または外国にルーツのある児童が在籍していました。しかし近年の特徴として，そうでない地域にも直接転入してくる場合が見られるようになり，学校として受け入れ体制がしっかり整わないまま受け入れざるをえない状況になってきているようです。このような学校が日本各地で見られるようになってきているのではないでしょうか。そこで，八尾市では，教育委員会，八尾市在日外国人教育研究会（八外研）をはじめ，外国人多数在籍校などが，今まで積み重ねてきたさまざまな資料や教材を，そのような学校に提供しています。

　現在，八尾市に居住している外国人児童の中には，日本生まれや渡日後一定期間が経っている子どもも多くいます。そのほとんどが家庭では日本語以外の母語を使用する環境の中で育ってきています。したがって学習言語としての日本語の習得と定着に課題があるほか，友人関係はもとより，親子間でも正確な意思疎通が難しくなっている現状があります。親はほとんどが母語しか話せず，一方子どもは少しずつ母語を忘れ，日本語ばかり話すようになります。会話ができないと親子間で想いを伝え合うことが難しくなってしま

います。また，学校生活においては，日本語，母語の両方の定着が曖昧な児童の中には，自分の気持ちを相手に正確に伝えたり，相手の言っていること，言いたいことを正確に理解できず，友だちとトラブルになったり，学年が上がるにしたがって，学習面でのつまずきも出てきたりします。つまり，日本生まれや渡日期間の長い子どもたちは，一見学校生活において何ら問題なく適応しているように思われますが，生活面でも学習面でも実は大きな課題を抱えているのです。また，保護者も，子育てに関わる考え方や教育観，文化の違いから，日本の学校について理解しにくい場合があります。

　このような課題を少しでも克服していけるように，八尾市では国の配置による日本語指導対応加配教員のほかに，八尾市独自の経費で配置されている日本語指導の講師・通訳の協力を得ています。母語と日本語を対比しながら，一人ひとりの児童生徒にきめ細やかな学習指導ができるように工夫しています。また，通訳の方と共に家庭訪問をしたり，学校と家庭とがさらに連携できるように日々取り組んでいます。しかし，前述の通り，年々帰国・外国人児童生徒数が増加する中で，まだ十分に対応できているとはいえず，各学校現場からは，日本語指導対応加配教員の増員，通訳の派遣回数を増やしてほしいという人的支援や，指導用教材・学習プログラムの整備を充実してほしいという物的支援など，様々な要望が出されています。

2　国際色豊かな高美南小学校

　本校には，韓国・朝鮮をはじめ，中国，ベトナム，フィリピンなどの国にルーツのある児童が多数在籍しており，全校児童数の約25％を占めています。その中でもベトナムにルーツのある児童が多く在籍しています。ベトナムなどから直接編入し，日本語が話せない児童もいますが，その在籍児童のほとんどが日本で生まれ，日本で育ってきた子どもたちです。保育所時代から外国にルーツのある子，カタカナの名前の子がクラスにいることが当たり前

である環境で，学校生活を送っています。

　このような学校ですので，子どもたちが，違いを認め合い，豊かな関わりを持ち続けるように，多文化共生，国際理解を人権総合学習の大きな柱にしています。

▲１年生が保育所に外国の遊びを教えに訪問

○　人権総合学習では

　例えば，１年生ではベトナム，中国，韓国・朝鮮の３つの国のあいさつ，遊び，歌を学びました。日直が毎朝，今日の国を決め，「おはよう」「さようなら」「ありがとう」のあいさつを，今日の国の言葉でいいます。教室からは元気よく，「シンチャオ！（ベトナム語で『おはよう』の意味）」「ザイツェン！（中国語で『さようなら』の意味）」などのあいさつが聞こえてきます。また，日本にある遊びとよく似た遊び（「だるまさんがころんだ」や３つの国のジャンケンでの「ジャンケン列車」など）を，体育の時間や休み時間を使って一緒に遊んだりしました。歌は「ぶんぶんぶん」を前述の３ヶ国語に日本語を加え，４ヶ国語で歌ったりしました。翻訳は保護者や後で述べる民族クラブの講師の方にお願いしました。

　そのほかの学年も，ベトナム人保護者に来ていただき，料理を教えてもらったり，渡日当時の様子や想い，渡日してからの苦労などを聞き取ったり，さまざまな方法で学習を進めています。

○　民族クラブでは

　木曜日の放課後には民族クラブの活動があり，ベトナムにルーツのある子どもたちが集まる「マンノンクラブ」，中国にルーツのある子どもたちが集

まる「東方龍（ドンファンロン）クラブ」，韓国・朝鮮の文化を学ぶ「セットンクラブ」の３つの民族クラブがそれぞれ活動をしています。１年生の多くの子どもたちもこの民族クラブに参加し，楽しく活動を進めています。自分たちの国の文化にふれ，民族講師の方と交流しながら，自然と自分の国に誇りを持ち，自国の文化を大切にしてほしいと願っています。

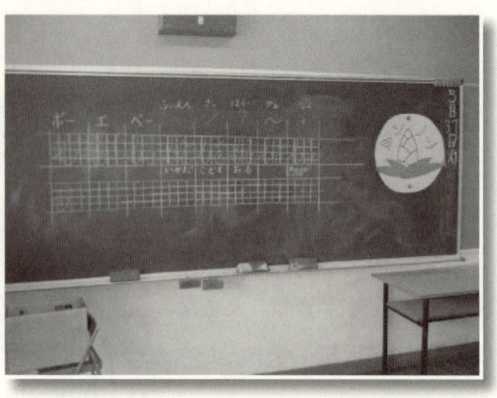

▲マンノンクラブ　母語講座

このような学習以外にも，外国にルーツのある子どもたちと日本人とが一緒に生活し，学ぶというだけで，お互いを理解しあえるチャンスがそこ

▲セットンクラブ　楽器演奏体験

かしこに転がっており，私たちは，それを指導につなげていくことを心がけています。

✏ 3　さまざまな機会で……

1)　実態把握をしっかりと

　本校では，４月に新１年生全員を対象に，ひらがながどれだけ読めて，書けるか調査します。また，日本語教室では外国にルーツのある子どもを対象

に，毎年5月と10月に日本語力調査を実施しています。その調査から，日本語で日常会話ができる子どもでも，ひらがなをほとんど読んだり，書いたりできないことが分かりました。また，学習に使われる言葉の意味を知らなかったり，文章や物語のイメージがつかめなかったり，学習内容を十分に理解しにくい場合があることもわかりました。低学年の時は，他の子どもと比べてそんなに表面化しなくても，中学年，高学年と学年が上がるにつれて，曖昧さがより顕著になりあらわれてきたり，中学生になると，理解できない内容がさらに多くなり，学習についていけなくなっていく……。このようなことから，本校では，子どもの実態（学力・日本語力・生活実態）に合わせて，きめ細やかな指導を心がけています。

2) 本に出会う

　子どもたちは保育所，幼稚園時代からたくさんの本の読み聞かせをしてもらってきており，とっても大好きな時間です。小学校でも，本の読み聞かせは学年を問わず大切にしていきたいと考えています。中でも1年生の子どもたちには特にこの時間を大切にしています。朝の時間，「ひらがな学習」の時間などを使いながら，ゆったりした気持ちで読み聞かせをしています。たとえば「か」の学習では，「か」のつく題名の本を読んだり，「な」の学習では「な」のつく題名の本を読んだり，また，その時間の学習に関連した本を読んだりしています。そのほかにも「ひらがな学習」では，具体物を使ったりしながら学習を進めています。たとえばひらがなの「て」を学ぶときには，子どもたち一人ひとりが，画用紙に手形を押し，その画用紙を並べて大きな「て」の字をつくって掲示します。また，ひらがなの「の」を学ぶときには，のりを手につけて，画用紙に大きな「の」を書き，その上に砂をかけて，砂の「の」をつくったりしました。

3) ホッこりスペースでほっこり，じっくり……

　さて，本校ではこれまで小学校の教職員がじっくりと保育所，幼稚園の様子を見学する機会がありませんでした。保育参観の案内はいただくのですが，小学校の授業時間と重なってしまうため，どうしてもゆっくり見ることができませんでした。いや，保育所，幼稚園から学ぶという姿勢が我々に少し足りなかったのかもしれません。

▲ホッこりスペースで読み聞かせ

　そんなこともあり，保育所で何をしているのか，わかっているようでわからないことが多くありました。そこでまず，今年は思い切って保育所見学をさせていただきました。見学した教職員は，「時間がゆったり流れていました」「子どもたちの気持ちを大切にして，じっくり話をきいてあげていました」「教室掲示がかわいらしかった」などなど，小学校でも忘れてはならないこと，工夫しなければならないことを，たくさん発見することができました。そんな発見のなかで特に注目したのが，「きゅっと集まって先生の話を聞いたり，一人ひとりの顔をとっても近くで見られるように工夫されていました」という気づきでした。

　その気づきを大切にして，まず本校で始めたのは，子どもたちがホッとできるスペースを教室につくることでした。囲碁・将棋クラブが使用していた畳2畳をちょっと拝借し，1年教室の隅に設置しました。私たちはこれを「ホッこりスペース」と名付けました。「ホッこりスペース」では，休み時間に子どもたちが座って本を読んだり，お話したりするのはもちろんのこと，授業時間に，子どもたちみんなをギュッと集めて座らせて，本の読み聞かせ

をします。先生の顔や絵本を間近に見て、ぬくもりを感じながら読み聞かせを聞いている姿は、何とも微笑ましいものでした。

本校では、学期に1回「読書週間」を設定しています。その週は、教職員の職員朝礼はなし。朝の時間に子どもも職員もみんなで読書をしています。今年度は、この時間を利用して、担任外の教師が1年生に本の読み聞かせをしました。担任が読むいつもの感じとはまた一味違い、子どもたちに大好評でした。とくに、外国にルーツのある子どもたちには、たくさんの本にふれることで、情景をイメージしたり、登場人物の気持ちを想像したり、時には昔話などを通じて日本の原風景に出会ったりしてほしいと思っています。

4 日本語教室を中心にしたとりくみ
～みて・きいて・さわって・かんじて……～

本校は外国人児童が多数在籍しているため、日本語教室が設置されています。日本語指導対応加配教員を中心に、各学年数名の子どもたちに対して国語や算数を中心に指導・支援をしています。学習内容や単元、子どもの状況に応じて抽出したり、教員が入り込みをしたり、原籍学級に戻したりと、指導形態を変えて対応しています。また、外国人児童全員対象に放課後指導も実施しています。一人ひとりにワークブックを作成して、日本語文型や会話、語彙の拡張など、系統立てて学べるように工夫しています。

普段の授業では、低学年、特に1年生や初期の日本語指導を必要とする子どもたちには、実際の体験活動を取り入れたり、なるべく具体物を使用したりして、イメージをつかみやすくする工夫をしています。

例えば、名詞や形容詞の学習では、氷やお菓子、ボールなど実物に触れさせて、その物の名前や形状（丸い・長い・古い・厚いなど）を日本語で、通訳の方がおられる時は、母語と日本語で確認します。先に、形状を提示して、物の名前を確認することもあります。たとえば、教師が子どもに箱の中のものを見せたり、触らせたりして、3つのヒントを出します。「白いです、大

きいです，丸いです。中に入っているものは何でしょう？」。答えがボールだとすると，「それは，白くて，大きな，丸いボールです」と確認します。また，「高い」「低い」「広い」「狭い」「強い」「弱い」などの言葉は，経験・体験をフィードバックさせながら，絵カードなどを使って確認します。低学年，特に1年生では，実体験しながら，楽しく一つひとつの言葉を大切に，学習しています。

●きめ細やかな日本語指導

　教科書に載っている物語文や説明文の学習もさまざまな工夫をしています。物語文などでは，外国人児童にはその情景がイメージしにくい場合が多いです。例えば，『小川』と聞いて，皆さんはどんな川を想像しますか？　緑豊かな田舎の風景の中，川幅の比較的狭いゆるやかな流れの川，まさしく童謡『ふるさと』の風景を想像するでしょう。しかし，ベトナムにルーツのある子どもたちの中には，その風景を想像することができない子どもがいました。川と聞いたら，向こう岸が見えないぐらいの大河，まさしくメコン川を想像するのです。このように，文章からは想像しにくい場面については，それに近い風景の写真を見せたり，学校内やその近くにある場合は，実際に見に連れて行ったりしています。

　また，「リライト教材」*もたいへん有効な教材のひとつとして使用しています。現在では，さまざまな学校で教材がつくられ，実践も積み上げられています。本校でこの教材を使うきっかけになったのは，あるベトナム人児童への指導でした。

---

*たとえば，光元聰江／岡本淑明編著『外国人児童・生徒を教えるためのリライト教材』（ふくろう出版）2006

その児童は，日本生まれの日本育ち。しかし，家庭ではベトナム語を話し，ベトナムにもよく帰国するため，日本語が少し苦手でした。会話はほとんど困らないのですが，細かいニュアンスや言い回しが伝わりにくいことがありました。日本語教室で国語の教科書の本読みを始めると，とたんに機嫌が悪くなり，時には涙を流して拒否します。何とか，なだめて，ほめて少しずつ読み進めていくのですが，なかなか進みません。こんなことが続いていましたが，よくよく調べてみると，その児童は本来，読書は大好きで，小さい頃からベトナムの本をたくさん読んでいることがわかりました。そうなのです。本当はもっともっと本が読みたい，スラスラ読みたいのに，難しい日本語が邪魔をして読めない，その苛立ちが児童をパニックにさせていたのです。

　そこで出会ったのが「リライト教材」です。児童の顔を思い浮かべながらわかりやすく，短く書き換えた文章をその児童に提示すると，「これなら読める！」と大変喜び，何回も何回も音読ができました。

　もともとある文章の意味，情景を大切にしながら，簡単な短い文章にするのは，たいへん難しい作業で，これからも研究を進めていく必要がありますが，音読や読解がとっても苦手な子どもにとっては，外国にルーツのある，ないを問わず，とってもよい教材のひとつだと思います。（リライト教材については，さまざまな書籍が販売されていますし，インターネット上にも実践が多数掲載されています）

　また，毎週1回，昼休みに日本語教室で「日本語シアター」を開いています。そこでは，「日本昔話」を中心にビデオを上映したり，紙芝居，本の読み聞かせをしています。普段日本語教室で学んでいる外国にルーツのある子どもたちだけでなく，他の友達にもどんどん参加してもらい，日本語教室が交流の場になればいいなあと願って，取り組みを続けています。

　その他にも，職員室・保健室・教室などの表札を日本語・中国語・ベトナム語を併記していたり，掲示板などで日本語教室や民族クラブの取り組み，日本や外国の文化を紹介し，子どもたちにはもちろんのこと，来校された保

護者に対しても，日本語教育，多文化理解について，啓発をはかっています。

　八尾市では，年に1回，民族文化フェスティバル「ウリカラゲモイム」（韓国・朝鮮の言葉で「私たちのリズムの集まり」という意味）が行われています。1982年に第1回「フェスティバル韓国・朝鮮の歌と踊り」としてスタートしました。その当時は八尾市の当時の外国人の状況を反映して，舞台の発表は韓国・朝鮮の歌や踊りが中心で，参加校もコリアンの子どもが多数在籍する限られた学校だけでした。1990年代前半からは，各小・中学校に多く在籍するようになったベトナム人・中国人の子どもたちの民族クラブの発表も行われるようになり，毎年，500名程の子どもたちが出演し，保護者やスタッフなどを入れると総勢約1000名が参加する行事になっています。本校も，このウリ

▲日本語シアター

▲ベトナム語，中国語を併記した教室札

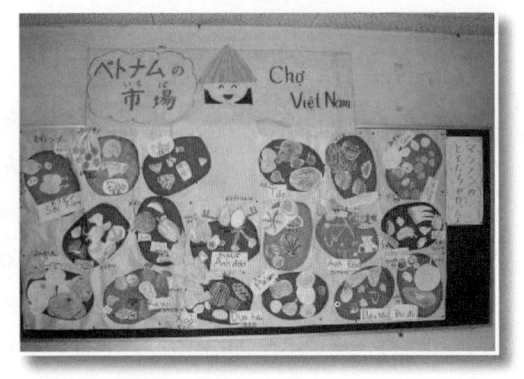

▲ベトナムについての掲示

カラゲモイムに前述した3つの民族クラブが参加し，発表を行います。

民族クラブに参加していない児童やその保護者に対しても，民族クラブの発表を見てもらい，それぞれの文化についての理解を深めるために，本校では「ウリカラゲモイム校内発表会」を行っています。チャングを使った楽器演奏，ベトナムの獅子舞「ムーラン」を中心にした踊り，民族楽器演奏，太極拳，漢詩の朗読など，各クラブとも工夫した発表を行っています。最近ではこの発表会に，本校に入学予定の子どもたちが在籍する幼稚園からも，見学に来てくれています。この校内発表会は，国際色豊かな学校であることを肌で感じることのできる大切な時間になっています。

▲ウリカラゲモイムの一場面

5　子どもたちに寄り添って，みんなで見守り，支えあい……

1)　言葉や文化の壁

このように，入学してきた1年生は特別なプログラムだけでなく，日常のさまざまな場面で，ベトナム，中国，韓国・朝鮮などさまざまな国や地域の文化に触れることができます。

しかし，課題もたくさんあります。まずは，やはり通訳の問題です。教職員の意図をしっかり理解して，通訳していただける方は大変少なく，毎回探し出すのに苦労しています。また，通訳の人数や来校数を増やしたくても，財政面で厳しく，なかなか増やせない現状です。

そのため，急を要する内容の連絡をとりたい場合や，家庭訪問が必要な場合などは困る場合があります。地域の関係諸機関と連絡をとり，通訳をお願いできる場合はいいのですが，どうしても都合がつかない場合は，担任が身振り手振りで伝えなければいけません。後日，通訳の方と一緒に家庭訪問する場合もあり，タイムリーな支援が難しい場合があります。

　学習面でも，渡日まもない児童には，母国語と日本語とを交互に使いながら教えることができると，より効果が上がりますし，日本生まれの外国人児童が，母国語を忘れないようにするためにも，母国語を使いながら学習をすることはとても大切なことです。家庭との連携，学習支援のどちらにとっても，通訳や母国語を話せる教職員の存在はたいへん大きいものがあるのです。

2) 保育所・幼稚園などとの連携

　年に3回，保育所・幼稚園，本校の職員などで連携会議を行い，子どもたちや家庭状況，課題などの情報交換をしています。しかし，さらに連携が必要だと考えています。他校の実践を学びながら，連携を進めていきたいと思っています。

　他にも先進校は全国に多数あります。そのような学校から，これからも学んでいきたいと考えています。クラスに，外国にルーツのある子どもたちがいることが当たり前——そんな空間はとっても素敵な空間だと思っています。これまで，本校が積み重ねてきた実践を大切に，さらに工夫を重ねながら，努力していきたいと考えています。

（文責　原　和広）

第4章　特別支援教育でつながるスタートカリキュラム

　4つめは，大阪北部の高槻市立五領小学校です。五領小は近年，特別支援教育の先進校として注目されています。特別支援の必要な子どもたちが，小学校に入学してきて感じる段差の大きさは，想像に難くありません。そこで五領小教職員の子ども支援は，すでに入学前から始まっています。日常的な幼小連携や交流をもつことで，年長組に在籍する特別支援の必要な子どもたちの様子を，小学校教員も認識していきます。まずは入学式をスムーズに迎えることができるようにと，幼稚園と協力しながら準備が始まります。入学後も，教室環境整備をはじめ，教師の言葉遣いに至るまで，細やかな配慮で1年生を包みこんでいます。その基本的姿勢は，「ユニバーサルな視点での集団づくり」です。つまり，「困り感をもつ子」への支援は，すべての子どもへの支援につながるのだと，捉えていることです。特別支援の必要な子どもにとっては「ないと困る」支援というのは，ほかの子どもたちにとっては「あると便利な支援」なのだという，実に明快な教育理念で貫かれています。五領小ワールドに出会って，「なるほど！」と納得できることがたくさんあることでしょう。

特別支援教育でつながる　〜特別な教育的ニーズのある児童への支援〜

高槻市立五領小学校

1　幼稚園と小学校の連携

1）就学前から入学まで

　本校南校舎1階に市立五領幼稚園があるという環境的なメリットを生かし，教職員は，日常的に幼稚園に参観に行きます。例えば，様々な教職員が安全確保パトロールを兼ねて幼稚園に足を運びます。ねらいは，幼稚園児には小学校の先生の顔を覚えてもらうこと，そして小学校の教員としては幼稚園児の実態を把握することです。この中で支援を必要とする幼稚園児の姿が浮かびあがってきます。その中の一人がAさんでした。

　本校の特別支援コーディネーターが中心となり，幼稚園に何度も参観に行きました。ある教員が，電車遊びをしているAさんに「電車に乗せてもらってもいいですか？」と聞いたところ，「いいです」と快く答えてくれました。しかし，その後は全くこちらを気にすることなく，一人遊びを続けています。いつ参観しても，周りの子どもを気にすることなく，一人遊びを続けている姿がありました。

　同時に，幼稚園の先生からの聞き取りを重ねました。「Aさんは，何かにつまずいてしまった時，気持ちの切り替えがなかなか難しく困っている場面がよく見られます」この幼稚園の先生の言葉が象徴するように，初めての場所や出来事にはかなりの不安感を抱く子どもであることが分かりました。そこで，まずは，小学校生活のスタートとなる入学式を安心して迎えられるような支援を考えることにしました。

就学前教育相談においては，保護者との話し合いを何度も行いました。「同年齢の子どもたちとの集団生活の経験を大切にしたい」というAさんの保護者の願いを受け止め，具体的な支援方法を共にさぐりました。幼稚園作成の「個別指導計画」も活用しました。特に，幼稚園生活の中での豊富なエピソードが，具体的な支援のヒントになりました。

＜幼稚園から小学校へのスムーズな移行のために＞

> 小学校入学にあたっては，子どもと同様に保護者にも大きな不安があるものです。子どもの「困り感」＝保護者の「困り感」と捉え，特別な教育的ニーズのある子どもの保護者に対しては，ていねいに教育相談を行います。入学にあたっての不安・希望について，共通理解を図り，共に指導方法について考える大切な機会になります。
>
> 特に本校では，新入学説明会等の機会を利用して，「保護者から小学校への教育相談」を行うというシステムを確立しており，支援関係，生活関係，アレルギー関係等，相談内容別に担当教員を知らせているので，保護者が相談しやすくなっています。

2) 入学式に向けて

Aさんが安心して入学式を迎えるために，スモールステップで目標を設定しました。

まず，最初の目標設定は「学校の中に入ることができる」ことでした。Aさんは初めての環境・場所を不安に感じるので，「全く知らない場所である学校という場所に入る」という目標を設定しました。少しずつ玄関に近づく仕掛けをし，まずは玄関に入ることができました。Aさんのペースに合わせ，じっくりと接しているコーディネーターは，Aさんにとって「信頼できるお

とな」と認知されていきました。

　続けて「学校はどういう所か」「学校には何があるのか」ということを知るために，学校探検を何度か行いました。Ａさんが気になる場所では，本人が納得するまでコーディネーターと一緒に見学をしました。

　次に「入学式」というものを知るために，写真や絵を活用してスケジュールを渡しました。そして，前日の入学式準備が終わった時点で，当日のスケジュールを実際に確認していきました。写真撮影の並び方や教室移動で歩くルート等，一つ一つ確認していきました。当日配布する教科書や体育館に飾ってある壁面の作品を納得するまで確認している姿が印象的でした。

　そして当日は安心して入学式に臨むことができ，とてもスムーズに過ごすことができたＡさんの姿がありました。

2　学校としての支援システム

1)　特別支援教育の視点を取り入れた「学習環境づくり」

　本校では，子どもたちが学びやすく安心して生活できることをねらって学習環境づくりに力をいれています。特に，学校生活のスタートである１年生では，ていねいに環境を設定します。

　例えば，一日の流れをスケジュールとして教室に掲示したり，給食当番や掃除当番は誰が何をしたらいいのか，わかりやすく掲示したりします。

　見れば分かる工夫（視覚支援）を各教室で，児童の実態に合わせてどの学年でも行います。また，各学年の支援の工夫の方法を集約して，全教職員で交流し，学校全体で学習環境づくりを充実させています。

2)　１年生児童への気づきのツール

　２年生以上は，通常の学級担任が気になる児童の実態把握をするために，

資料A　1年生前期のチェックリスト

	1年生前期のチェック表	A	B	C	D	E
1	簡単な質問に答えることができない（例「何して遊ぶのが好き？」「何人家族？」）					
2	指示の理解が難しい（例「体操服に着替えて運動場に出ます」など）					
3	個別に言われると聞き取れるが、集団場面では難しい					
4	聞きまちがいが多い					
5	聞いた話の内容をすぐに忘れてしまう					
6	発音に誤りや不明瞭さがある					
7	単語を羅列したり、短い文で内容的に乏しい話をする					
8	適切な速さで話すことが難しい（例　たどたどしく話す。とても早口である）					
9	「昨日、今日、明日」がよくわからない					
10	色の名前がよくわからない（色鉛筆の12色）					
11	しりとりができない					
12	ジャンケンの勝ち負けがわからない					
13	10までの数の1対1対応ができない					
14	○△□をはっきり区別を付けてかくことができない					
15	1から10までの数字が読めない					
16	自分の名前の読み書きができない					
17	はさみで直線に沿ってきることができない					
18	人の絵がうまくかけない（頭・胴体・手足がある。棒人間ではない）					
19	筆圧が弱い					
20	習ったひらがなが読めない					
21	習ったひらがなの形がとれない					
22	10までの数が途中からでも順序どおりに唱えられない					
23	5からのカウントダウンができない					
	合計					

1～8の項目は3段階　　　ない：0　　ときどきある：1　　よくある：2
10～23の項目は2段階　　いいえ：0　　はい：1

文部科学省の資料を参考に作成したチェックリストを利用しています。
　本校の1年生では，5月の上旬と9月下旬の2回実態把握をします。5月には，学習につながる認知面で支援が必要な児童の早期発見，早期支援を目指して，「1年生前期のチェックリスト」を活用します。
　ひらがなの指導が終わった9月には，高槻市特別支援教育専門家チーム作成の「読み書きスクリーニングテスト」を実施して，ひらがなの読み書きのつまずきをチェックします。大切なことは，これらの結果を教室環境の整備や集団づくり・授業づくりにおいて，具体的に活用することです。

＜読み書きスクリーニングテストの内容＞

1　音韻の分解
　「さかな」は3つの音韻で構成されています。それを「・・・」で表しています。下の4つの絵の中から同じ数の音韻で構成されているものを選び，〇をつけます。
2　読み
　それぞれの問題の中に，正しく表記された動物や昆虫などの生き物が一つずつあります。正しい表記の生き物に〇をつけます。
3　聴写
　聞いた言葉を正しく表記します。

3）「個別の教育支援計画」及び「個別の指導計画」の例

　様々な情報を得て，保護者とともに「個別の教育支援計画」及び，小学校1年生前期の「個別の指導計画」を作成します。

第4章　特別支援教育でつながるスタートカリキュラム　159

資料B

<「個別の教育支援計画」（一部抜粋）>

長期的な視点（3年程度）からみた教育的ニーズと支援内容	
支援の目標 （優先課題）	学校生活のルールを身につける。 同年齢の友だちとつきあう楽しさを知る。 困った時、誰かにSOSが出せるようにする。
支援の内容 （手だて・配慮）	失敗経験をできるだけ少なくするよう、事前のスケジュールや手順を知らせ、見通しを持たせるようにする。 友だちと関わる活動では、個人的に言葉かけするのではなく、学級のルールとして、一斉指導の中でわかりやすく視覚的に知らせるようにする。友だちとの関わり方は、おとなが介入する。 教員を、SOSを出せるキーパーソンとして意識づける。
評価（実施時期） （成果、改善すべき内容、引き継ぎ事項等）	学級の一員として給食、掃除、日直当番の活動をしっかりやりとげた。活動では、何をしたらよいかを明確にすることで、班の一員として活躍することができた。友達とは、自分からかかわり、遊んでいる様子が見られるようになってきた。学習内容以外では、教員にSOSを出すことができている。学習内容で、「分かりません。教えてください」と言えることは、今後の課題である。

資料C

<「個別の指導計画」（一部抜粋）>

領域	年間目標	短期目標	指導形態		指導内容・方法	評価
			通常の学級	特別支援教室		
行動管理	・授業中のルールを理解することができる。	・教員が指摘した間違いを直すことができる。 ・「まちます」カードで、プリントへの記入を待つことができる。	○	○	※間違い直しができたら、次の課題をすることができる等の指示の工夫をする。 ※説明を聞かなければならない時は、プリントと同時に「まちます」カードを配るようにする。	・すぐに直せる間違い直しは、受け入れられるようになった。 ・「まちます」カードがあると、名前を書いた後に待つことができるようになった。
職業前スキル	・朝、教室に着いてからすることや、下校準備が一人でできる。	・朝の時間、黒板の指示を見て、連絡帳の記入と朝の学習をひとりですることができる。	○		※教室に登校してから、荷物の片付け、宿題提出、水やり作業、連絡帳記入、漢字練習、前日のお直し等、一連の作業手順を毎朝黒板に書いて全員に知らせておく。	・黒板を見て、一連の内容は自分から進んでできている。
余暇活動	・25分休憩をリラックスして過ごすことができる。	・25分休憩に、自分で何をするか決めて、過ごすことができる。	○		※遊びの選択肢をクラス全体に知らせる。	・自由帳に絵を描いたり、鬼ごっこをしたりすることができた。
コミュニケーション	・困ったときに、担任の先生に助けを求めることができる。	・作業場面で、一人でできない時、担任の先生に「手伝って」と言うことができる。	○		※TTの教員が近くにいる場合は「手伝って」が言えるので、担任の先生に言うように促す場面をつくる。	・「手伝って」は作業で言えるようになった。
対人会関係性	・手持ちぶさたなときに、適切な行動をとることができる。	・グループで座った時に、自分から友だちに話しかけることができる。	○	○	※グループで相談をする時は、一斉指導の中で、話すポイントをはっきり指示するようにする。	・話すポイントがわかると、参加することができた。また、興味のある話し合いでは、自分の意見を言うこともできた。

➡ 3　学校としての取り組み

1）　すべての教育活動のベースとなる学級集団づくり

　「友だちや先生が話を聴いてくれ，気持ちを分かってくれる」 そのような安心感の中でこそ自分の思いや考えを出すことができます。安心できる環境の中で人と人との関わり方を学び，自分のことを大切にしよう，友だちも大切にしようという気持ちになります。「教室を安心できる場所にする」「居心地の良い教室をつくる」ことを目指して，学級集団づくりをどのように進めるか，実践を交流しながら研究をしています。

　本校では，各学年の実践や授業の研究協議を通して，教職員全体で学ぶということを大切にしています。そのことで，実践が継続し，深まると捉えています。例えば，これまでの実践のひとつ「いま，どんなきもち？」という感情のポスターを利用して，学年の実態に応じてどの学年でも取り入れて，様々な実践をしています。

　これまでの研究を通して以下の事柄を確認しました。

- 社会性に課題のある児童を「困り感を持つ子」として捉え，その子に対する支援のあり方を考えることが大切である。
- 「困り感を持つ子」への支援は，すべての子どもへの支援につながる。
- 児童の実態に応じて人間関係づくりのアクティビティを意識的に取り入れていくことは有効である。
- 授業実践は，日常の学級集団づくりの基礎があってこそ，意味があるものとなる。

　本校では，「困り感を持つ子」への支援は，すべての子どもへの支援につながるということを「ユニバーサルな視点での集団づくり」と捉え，すべての教育活動のベースとしています。

2) 特別支援教育の視点を取り入れた授業づくり

　本校では，多様なニーズに応じた授業づくりを目指しています。「特別な教育的ニーズのある児童を含むすべての児童のために，配慮すること」として，次の12項目に学校全体で取り組んでいます。この12項目は，発達に課題がある子どもには「ないと困る」支援であり，どの子にとっても「あると便利な」支援です。

①　教室が整理整頓されている

　視覚的な刺激を少なくすることで，一番大切な情報をはっきりさせます。特に前の黒板は，その授業に関係のある情報だけに絞ることが大切です。また，ファイルや荷物を置く場所が一目でわかるように工夫しています。

１年生の教室から，前の黒板の周りはすっきりさせます。視覚的な刺激を少なくすることで，黒板を見ての学習では，集中しやすくなります。

背面では幼稚園の特色を引き継いだ掲示の工夫をしています。

②　生活の見通しを持ちやすくする

　学年の実態に応じた形式で，一日の予定を提示します。また，一年や一ヶ月を見通した予定や個人持ちの「この時間のスケジュール」も必要に応じて提示しています。

②　生活の見通しを持ちやすくする

③ 子どもたちに姿勢を意識づける

　集団生活でのマナーやルールを大切にしています。立つときの姿勢，座るときの姿勢，聞くときの姿勢などを意識できるようになることは，授業への集中・学習態度の形成につながり，秩序ある集団生活の基本ができます。このことは子どもたちの安心感にもつながります。

③　子どもたちに姿勢を意識づける
視覚的にわかりやすく提示しています。毎年，1年生の教室に提示しています。

④　教員はていねいな言葉を使う

　授業はパブリックな時間であるという意識を大切にします。言葉づかいの意識化は，大人と子ども，授業中とそうでない時など，人や場面を意識して行動することにつながります。

⑤　「話すルール」を確立する

　場に応じた言葉づかいを意識して指導します。必要に応じて「話型」を示すことで，「話すルール」を確立していくことができます。

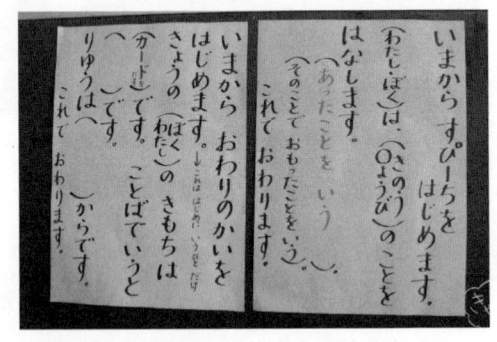

⑤　「話すルール」を確立する

⑥　始めと終わりをはっきりさせる

　いつ始まって，いつ終わるのかがはっきりしていることは，特にADHDや自閉症スペクトラムの子どもたちにとっては重要なことです。チャイムが

鳴るまでに着席をするなど，時間を守ることや始めと終わりのあいさつを必ずすることを大切にしています。

⑦ 指示の出し方を具体的にする

簡潔で具体的な指示を1回に1つだけ出します。そして，教員は常に指示がどこまで伝わっているか，どこまで指示の通りに動くことができているかを確認します。確認せずに進めることは，指示は聞かなくてもよいということを教えていることになります。

⑧ 指示・説明と子どもの活動を分ける

説明を聞きながら，活動するのは無理があります。聞くときは聞く，活動するときは活動するというように分けます。活動の途中で指示を出す必要があるときは，活動を止めて，説明をします。また，指示・説明と活動の割合を考え，授業にメリハリを持たせることが大切です。

⑨ 他の子どもの発表にクラス全体を注目させて聴かせる

教員の話だけでなく，他の子どもの発表もしっかり聴くことが大切です。人の話を聴くときは，話をしている人の方向に体を向けて最後まで聴くように指導しています。人の話をしっかりと聴くことは，その人を大切にしていることであるということを伝えています。

⑩ 授業のポイントを示す視覚的な手がかりを示す

授業のポイントを示す視覚的な手がかりとして，「めあて」や「大切なところ」や「今ここを学習している」を示すマークなどを活用しています。また，掲示物やスライド等を利用したり，色チョークを使用したりして板書をわかりやすく整理しています。

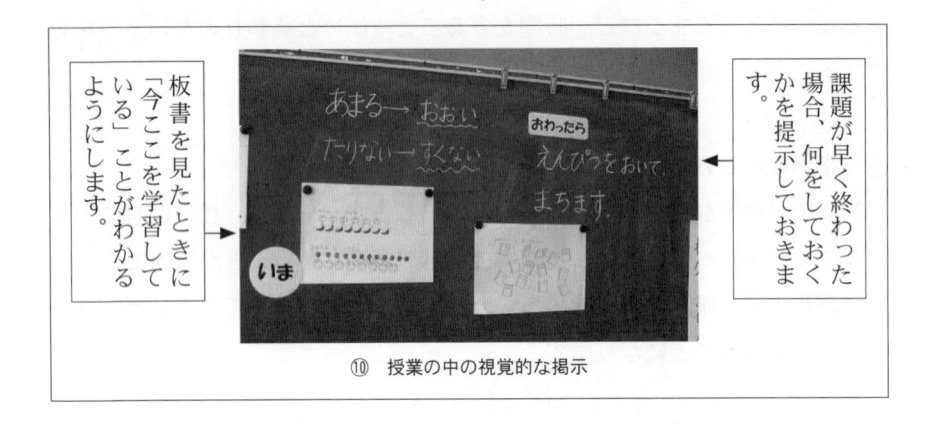

⑩ 授業の中の視覚的な掲示

（板書を見たときに「今ここを学習している」ことがわかるようにします。）

（課題が早く終わった場合、何をしておくかを提示しておきます。）

⑪ わかりやすいワークシートを用意する

　ワークシートを作成する際，要点をまとめやすくする工夫をしています。例えば，何こ答えればいいのか不安になる場合は，答えてほしい数だけ枠をつくったり，書くことが苦手な児童には，穴あきの文章を用意したりする工夫をしています。

⑪ わかりやすいワークシートを用意する

⑫ 子どもの個人差を考慮し，基礎と発展を明確にする

　早く課題が終わった場合にするべきことを始めに提示しておき，次の課題等を用意しています。たとえば「ここまでは全員がする問題。ここから先はチャレンジ問題」というように示しています。ここでも，早くできたことや点数や正解したことだけを評価するのではなく，努力できたことを評価することが大切です。

　以上のような視点をこれからも大切にしながら，取り組みを進めていきたいと思います。
　　　　　　　　　　　　　　　　　　　　　　　　（文責　西村大樹）

第5章　食育でつながるスタートカリキュラム

　5つめは，同じく大阪北部の高槻市立芥川幼稚園の実践報告です。実践者の山中正子さんは，私が小1プロブレム研究をスタートさせた当初からの「同志」であり，いつも意欲的な実践を持ち込んでくれるパワフルな先生です。家庭背景の厳しい子どもたちが多く通ってきた前任園当時から，食育をキーワードにした実践を進めてきました。食育をとおして，子どもの暮らしに切り込み，保護者の意識を変革し，保護者支援を進め，小学校や中学校へも呼びかけて，あれよあれよという間に幼小中連携のネットワークを創りあげてきたバイタリティ溢れる実践家です。保幼小中連携の組織づくりは，熱い信念を持ったキーパーソンとそれを支援する管理職や同僚がいてこそ，生まれていくことを，身をもって教えてくれました。この章でも，幼稚園から始まる食育の魅力について，再認識していただけることと思います。

いのちキラキラ　親子も幼小も　食育でつながる

高槻市立芥川幼稚園

1　はじめに

　芥川幼稚園は年間を通して4歳児と5歳児の異年齢児学級保育を行っています。また，働く保護者を支援する「就労支援型預かり保育」を実施し，一部の子どもたちが午後6時まで生活をしている幼稚園でもあります。

　今から15年ほど前，私の担任した子どもが，小学校へ入学して給食が食べられずに不登校になったことがありました。幼稚園は保護者のつくってくれるお弁当を食べているので，お弁当に入っている食材が限られていたからです。また，家庭訪問では，「好き嫌いがあります」「野菜が食べられないのですが，どうしたら食べられるようになりますか？」ということを，多くの保護者から聞き，保護者も悩んでいることに気がつきました。

　私は小学校給食を意識した「食」を幼稚園で取り入れ，何でも食べられる子どもになってほしいと願い，「食育」の取り組みを進めました。

2　食育の取り組み

1)　お弁当は残さない

　お弁当が始まった当初，『もったいないばあさん』*の絵本を読み，お弁当をつくってくれた人の気持ちを伝え，残さないよう子どもに話をします。

---

*参考文献　真珠まりこ『もったいないばあさん』（講談社，2004）

第5章　食育でつながるスタートカリキュラム　167

「いただきます」ということは「命をいただいている」ということも伝えます。

お弁当を食べ終わった子どもたちは、私の所へ空っぽになったお弁当箱を見せに来ます。時間がかかって食べられない子どもや、嫌いなものが入っている子どもには、「お

▲オクラの花が咲きました

いしいよ、もぐもぐゴックン」と言いながら食べさせることもあります。私が食べさせている姿を見ていた5歳児は、食べられない4歳児がいると、私と同じようにしていることがあります。こんな時、私は異年齢児学級保育の良さを感じます。

2）　野菜づくり

　嫌いな野菜を食べるためにはまずは野菜づくりを行い、自分たちで実際に野菜を育てて食べることが大切だと考えました。そこで、園舎の南側の畑に夏野菜を植えました。植木鉢には一人ずつ自分の好きな野菜を選んで、親子で苗を植えました。

　幼稚園の始まりは毎朝の水やりでスタートです。親子で世話をし、夏野菜の生長を喜び、親子で収穫を楽しみに待つ姿が見られるようになりました。子どもたちは、休み明けに野菜がしおれていると大変だと言って、たくさんの水をあげ、命の大切さに気づくこともできました。

　夏野菜ができると親子で収穫し、家に持って帰ります。次の日、子どもたちから口々に、「トマト食べたよ。甘かった」「ししとう焼いて食べた」「ピーマン天ぷらにした。おいしかった」「なすび、みそ汁にした」などの報告を聞くと、家庭でも食育に取り組んでいることを嬉しく思いました。

オクラはきれいな黄色の花を咲かせ，オクラが上を向いて実をつけることも，子どもたちは知りました。夏休みに入ってオクラの収穫は最盛期を迎え，就労支援型預かり保育の子どもたちのお昼ご飯の一品になりました。

秋には，大根とブロッコリーの種まきをしました。今まで見たこともない，大きな大根ができて，その大きさに子どもも保護者も驚き，収穫の喜びを味わいました。ブロッコリーは次から次へと収穫し，お弁当時には子どもたちから「おいしい，もっとちょうだい」という声が聞かれるようになり，「自分たちで育てて，自分たちで食べる」喜びは格別なのだと実感しました。

▲大根収穫

▲ブロッコリー収穫

3）みそ汁デー

続いて，せっかく収穫した野菜は，自分たちで調理して食べさせたいと考えて，子どもたちとみそ汁を作って食べる「みそ汁デー」を毎月行うことにしました。

コックさん（料理担当）になった子どもたちは，初めはまるでのこぎりで木を挽くかのように野菜を切っていました。「今まで包丁など使ったことが

第5章　食育でつながるスタートカリキュラム　169

ないんだなあ」と感じた私は，次のクッキングでカレーをつくるときに，全員でビデオを見て，包丁の使い方を学びました。

　包丁は安全性を考えて，子ども包丁（生協で販売）を数本，用意しました。子どもたちはビデオを見て以来，包丁を持つ手とは別の，野菜に添える手は「ねこの手」を合い言葉に，真剣な表情で野菜を切るようになりました。

　さつまいもを収穫したときは，おいもがいっぱいのみそ汁になりました。子どもたちは「あまい」と絶賛し，だんだんとおかわりする子どもたちが増えてきました。みそ汁の具材は子どもたちからリクエストが出て、毎回10種類ぐらいの材料が入るようになりました。畑の野菜は，いつも活躍してくれました。

4)　野菜のぬりえ

　夏休み中も，家で食育の取

△コックさん奮闘

△合い言葉は「ねこの手」

△野菜のぬりえ

り組みを継続してほしいと願い、「やさいのぬりえ」を子どもに手渡し、保護者に説明をしました。子どもたちは毎日、野菜を食べると色を塗りました。夏休みが終わると保護者から「ぬりえのおかげで野菜に興味を持って、食べることができました」と感想を

▲こんなやさいをたべたよ

聞き、大好評だったことを知りました。ぬりえの成果を確信した私は、冬休みもぬりえに取り組みました。今回は、野菜に加えて季節感のある食べ物も、ぬりえに盛り込んでみました。おかげで、子どもたちが家でどんなものを食べているかを知る事ができました。例えばクリスマス料理やおせち料理、七草がゆなどの行事食を食べている家庭や、鍋料理などの季節料理を食べているところが多くありました。

3 小学校の食育と連携

1) 小学校の栄養教諭の訪問指導

芥川幼稚園では毎年9月、小学校の栄養教諭が幼稚園で食育の指導をしてくださいます。野菜クイズ・野菜の栄養・身体の働き・給食の話など、盛りだくさんの話を、絵や紙芝居、本物の野菜を見ながら楽しく学びました。野菜嫌いの子どもたちが、野菜が身体にとって大切な働きをすると知り、「これからは野菜を食べる！」と宣言してくれました。身近な小学校の先生の話を聴き、子どもたちは10月の小学校での給食交流を楽しみにしています。

さて、以上のような食育の取り組みの中で、子どもたちに変化が見えてき

ました。園児のアイとミカは野菜が苦手で，4歳児の時はよくお弁当を残していたり，食べられなくて泣いていたことを，前担任から聞いていました。今までは，幼稚園の会食の時は，嫌いな野菜を取り出していた2人でしたが，少しずつ挑戦してみる気持ちが出始め，ついには好き嫌いを克服して，野菜を食べることができるようになりました。

　11月頃，お弁当にも嫌いな野菜を少しずつ入れてきてもらうように母親たちにも頼みました。アイとミカの母親は，毎回お弁当に入っている嫌いな野菜をメモで知らせてくれました。私も励ましながら見守っていると，2人はだんだんと自分から「頑張って食べる」と努力し始め，とうとう全部食べれるようになりました。

2)　5年生と給食交流

　5歳児の子どもたちは，毎年10月に5年生と一緒に学校で給食を食べます。5年生は交流の1週間ほど前に，一人ひとりに手づくりの招待状を持ってきてくれました。心のこもった丁寧なカードに驚きました。

　当日，班ごとに幼稚園の子どもたちの名札がテーブルの上に用意され，5年生が案内してくれました。幼稚園の子どもたちは初めて食べる給食がおいしくて，おかわりをたくさんしました。アイとミカも，緊張しながらも5年生と一緒に給食を食べることができました。

3)　「給食おかわりしたよ，牛乳も飲めたよ」

　翌年，アイとミカが小学校1年生になった5月，幼稚園の創立記念日のため園児は休みなので，私たち幼稚園の教師はみんなで小学校へ授業と給食の様子を見に行きました。子どもたちはすっかり1年生に慣れた様子で，落ち着いて授業をしていました。給食の時間になり，私たちもそれぞれ各クラスで子どもたちと一緒に給食をいただきました。その日のメニューは酢豚。アイはおかずのおかわりをし，今まで飲めなかった牛乳も初めて全部飲むこと

ができました。ミカも頑張って食べていると担任から聞き，本当に嬉しいことでした。

4 食育と保護者支援

1)「おにぎり嫌いなんです」

　ある年の7月，ハルオが入園してきました。ハルオの母親は字を書くのが苦手で，幼稚園の入園書類は保健センターの方に依頼をしたと聞きました。ハルオの最初のお弁当は，市販のきんぴらごぼうとミートボール，次の日はミートボールだけでした。時には白いご飯の上に，生の白菜がのっていることもありました。

　収穫した野菜を使って，総菜やみそ汁をつくる日は，保護者におにぎりを持ってきてもらうように依頼します。その日も，ハルオの母親におにぎり持参を伝えると，「うちの子，おにぎり嫌いなんです。白いご飯でいいですか？」と，言ってきました。不思議に思いましたが，「いいですよ」と答えました。それから何回か同じ事があり，「お母さん，おにぎりつくられへんの？」と思い切って尋ねてみると，母親は「はい」とうなずきました。そこで，その日の夕方，私はハルオの家を訪問して，お母さんにラップとお椀を使った簡単なおにぎりのつくり方を教えて，一緒につくってみました。次の日，ハルオのお弁当には，立派なおにぎりが4個も入っていました。ハルオが嬉しそうに，全部平らげてしまったのは，言うまでもありません。

2) ママクッキング（保護者の料理教室）

　ハルオが入園した翌年，保護者に「料理は簡単！」「料理は楽しい！」を感じてもらうために「ママクッキング」と名付けた料理教室を子どもたちと一緒に開くことにしました。ハルオの母親を誘ってみると，毎回参加してく

第5章　食育でつながるスタートカリキュラム　173

れました。そして秋頃からは，何度も私たちに料理のつくり方を尋ねてくれるようになってきました。

　ハルオの家に家庭訪問にたびたび行くことがありましたが，母親は待ちかねたように，「お弁当に卵焼きを入れたいんやけど，うまくつくられへん」「じゃがいもあるんやけど，何つくったらいい？」と，ハルオの弁当献立のことが，よく話題になりました。私は卵焼きと肉じゃがとみそ汁を一緒につくってみましたが，翌日からハルオのお弁当には，卵焼きが入るようになりました。

　運動会の朝，ハルオの母親が，「これ，つくったんやけど，食べて」と，いもご飯を持ってきました。さつまいもをもらったことを園務員さんに相談すると，園務員さんがアドバイスをしてくれたのだと言います。職員みんなで食べ，おいしかったことを，教

△夏野菜収穫

△保護者参加のみそ汁デー

△保護者も料理参加

職員全員がハルオの母親に伝えました。

　ハルオの母親だけではありません。幼稚園の昼食時に，収穫したばかりの野菜を使った料理を添えてあげると，子どもたちは夕食の献立にも同じものをつくってほしいとリクエストするので，他の母親たちも，そのレシピを私たちに訊きにきます。そこで，園便りにはレシピが掲載されるようになり，若い母親たちが野菜を使った料理に挑戦するようになってきました。

3)　保護者回覧ノートと保護者のつながり

　そのころ，私はクラスの保護者同士をつなげるために保護者の回覧ノートをつくりました。クラス懇談会で提案すると，保護者から「上のお兄ちゃんの時にやっていて良かったから，私たちもしましょう」と賛同してくれました。子どもたちがひまわりのようにすくすく笑顔で育ってほしいという願いから，「ひまわりスマイルノート」と名付けられたノートは順調に保護者の間で回覧され始めました。

　ハルオの母親の番になったとき，私は隣で分からない字を教えながら，一緒にノートを書きました。その頃，ハルオの母親は子育てに悩んでいました。クラス懇談会で，その悩みをみんなに相談することを，促してみましたが，ためらって発言できません。それを見ていた別の保護者が，「朝，言うこと聞かへんのやな」「ご飯食べさせてって言うんやね」と，代弁してくれました。それを聞いていた別の保護者も，「うちの子もよ」「うちも一緒やで」と，それぞれが同じような悩みを出しました。ハルオの母親は「ぐずぐず言うねん」と初めて口を開きました。「甘えたいんと違う？」「うちも，よくあるよ。『だっこ！』とか『食べさせて』とか言うよ。甘えたいときは甘えさせてあげてもいいと思う」。その言葉を聞いたハルオの母親からは，安心した表情が見られました。

　卒園の時，ハルオの母親は，「字を書くのは難しかったけど，ノートを読むのは楽しかったです」と，感想を書いてくれました。

そして今，ハルオは小学生です。私は時々，小学校の先生と連絡を取っています。ほとんど学校を休むことなく，勉強も頑張っているようです。母親からも，「先生，運動会見に来てやって」と，時々メールや電話が来ます。

これからもハルオの母親が子育てに安心感をもてるように，見守っていきたいと思っています。

▲保護者が読み聞かせ

5　いのちキラキラ

1）今年度の取り組み

今年度も，畑の野菜は，子どもたちが世話をする中で，すくすくと育っています。

高槻市が取り組んでいる「たかつき緑のカーテン大作戦」でもらったゴーヤは，2階の保育室まで伸びてきて，2階からゴーヤを収穫しました。9月になると，ゴーヤは赤やオレンジになりました。子どもたちは，「ヌルヌルだけど，気持ちいい！」と言いながら，種を取り，水で洗い流すと，そこからゴーヤの形をした種が現れました。命をつなぐゴーヤの種です。来年も植えようと，4歳児が楽しみにしています。

また，今年度も保護者参加の「みそ汁デー」を行っています。参加してくださった保護者は，子どもたちの食欲ぶりを見て驚いたり，「おいしい」と絶賛しています。帰る前には，保護者が子どもたちに絵本の読み聞かせをしてくれます。子どもたちは絵本の世界に引き込まれていきます。

●正しいお箸の持ち方の写真の掲示

　また，小学校の先生から正しい鉛筆の持ち方が身についていないという実態を聞き，子どもをモデルにした「正しいお箸の持ち方」の写真をクラスに掲示し，子どもや保護者に指導をしています。「みそ汁デー」に参加した保護者は、家でもいろいろな具材をみそ汁に入れたり，お箸の持ち方や絵本の読み聞かせの大切さを感じ，子育て意識も高まってきています。環境整備スタッフのお母さんたちは，畑の草引きや収穫，料理などを手伝ってくれています。苗の余りやトマトなどの脇芽は，家に持ち帰り，家庭菜園をする保護者も増えてきました。

2) いのちの学習

　9月から，市の「いのちキラキラ食栽プロジェクト」として，すべての高槻市立幼稚園（23園）でブロッコリーを育てることになりました。いい機会なので，全クラスでいのちの学習をしました。「いのちってなあに？」の質問に，「大切」「守る」「大事」など，子どもたちの積極的な声が聞かれました。いのちあるものには人間のほかに，虫や動物，魚，野菜や木，中には地球や星という意見も出され，すべての生き物にいのちがあることに気がつきました。先日のみそ汁デーに入っていた野菜のことを思い出し，いのちを食べると，「大きくなる」「骨が強くなる」「優しくなる」「成長する」と，4歳児も5歳児も手を挙げて発言していきました。

そして次の日，みんなで「いのちの種」ブロッコリーを植えました。「早く芽を出してね」「大きくなってね」と祈る姿も見られました。子どもたちは絵日記を描き，保護者も子どもたちにメッセージを書いてくれました。休み明けに芽が出ると，子どもたちはその喜びを絵日記に表し，保護者も言葉を添えて書いてくれました。

親子でブロッコリーを育て，収穫・料理までいのちをつないでいけるように，いのちキラキラのブロッコリーを見守っていきたいと思います。

資料
芥川いのちキラキラ親子食育計画

	種まき・苗植え	収穫	料理・会食	小学校・保護者との連携
4月	トマト・きゅうり・なすび・ピーマン	ブロッコリー・ほうれん草		
5月	ミニトマト・オクラ・三尺豆種まき・ゴーヤ苗植え	しろ菜・えんどう豆・いちご	塩ゆで・卵とじ・みそ汁・いちごジャム	1年生授業・給食見学（教師）みそ汁デー 絵本読み聞かせ
6月	さつまいもの苗植え	玉ねぎ・じゃがいも・夏野菜	カレー・みそ汁・きゅうりもみ・ピーマン炒め	カレーパーティみそ汁デー 絵本読み聞かせ
7月		夏野菜・ゴーヤ	サラダ・野菜炒め・みそ汁	みそ汁デー 絵本読み聞かせ
8月		夏野菜・オクラ・ゴーヤ	ゴーヤ料理・みそ汁・野菜炒め	家庭栽培
9月	ブロッコリー・大根・人参・水菜・しろ菜・小松菜種まき	夏野菜・オクラ・ゴーヤ	カレー・みそ汁・オクラとピーマンとなす炒め・ゴーヤチャンプル	カレーパーティみそ汁デー 絵本読み聞かせ
10月	大根種植え	さつまいも・人参	みそ汁・さつまいも料理	みそ汁デー 絵本読み聞かせ 食育講座・給食交流
11月	えんどう豆・スナックエンドウ・ほうれん草種まき	間引き菜・人参	みそ汁	みそ汁デー 絵本読み聞かせ
12月		ブロッコリー・人根・冬野菜	豚汁・ケーキ・おもち	みそ汁デー 絵本読み聞かせ
1月		ブロッコリー・大根・冬野菜	みそ汁・ぜんざい・おもち料理	みそ汁デー 絵本読み聞かせ わくわくスタート授業
2月	じゃがいも植え	冬野菜	みそ汁・いわし・炒り豆	みそ汁デー 絵本読み聞かせ
3月		冬野菜・ほうれん草	赤飯・豚汁・カレー	小学校見学 授業体験

6　第二中学校区協議員会

　高槻市の中学校区協議員会は、事務局と公立の幼・小・中で組織されています。第二中学校の校区には芥川幼稚園のほか2小学校、1中学校があります。私は、最初の顔合わせの時に、「毎月集まって、子どもの実態や課題、保育内容や教育内容の話し合いをしたい」と伝えました。小中学校の先生たちは忙しい中、都合をつけて、ほぼ毎月、会議ができるようになりました。
　校区人権教育研修会は、一人ひとりの希望を聞き、「人権教育入門」「学力保障」「特別支援」の3つのグループに分かれて、幼小中の教職員が集まり学びを深めました。今まで人権教育について知らなかった若い先生たちは、「とてもよかった」「人権教育の大切なことを学ぶことができた」と言っていました。「学力保障」の部会で、幼稚園の食育の取り組みを話すと、小学校の先生から、「まだまだ給食の苦手な子どもたちが多いので、これからも頑張ってほしい」という要望も出されました。また、中学校の先生からは、「早寝・早起き・朝ご飯」だけでなく、「遅刻をしない」も標語に入れてほしいということで、1月から芥川幼稚園の取り組みには、「遅刻をしない」という標語も加わり、子どもたちや保護者に啓発しました。

7　おわりに

　今まで野菜に興味がなかった子どもたちは、自分たちで野菜を育てることで、野菜に愛着をもち、命の大切さに気づきました。嫌いな野菜は食べられないと思っていた子どもたちは、収穫の喜びを感じ、自分たちが育てた野菜は「おいしい」ことを実感しました。保護者と子どもが共に、野菜を育て、調理して一緒に食べるという共同体験によって、親子のふれあいが持てただけでなく、食育に対する保護者の意識も高まり、家庭の食育へとつながりま

した。

　今年度も，「早寝・早起き・朝ご飯・遅刻をしない」を合い言葉に，生活リズムを整え，毎日，心も身体も元気で過ごせることを願いながら，親子で食育の取り組みを進めています。先日，ミカの母親が幼稚園に来られ，自宅の近くに農園を借り，親子で野菜づくりを始めたと，話してくれました。幼稚園の取り組みが家庭につながったことを，嬉しく思いました。

○きゅうり収穫

　小学校との交流も少しずつ進み，教職員の話し合いが定期的に持てるようになりました。保育所との交流は年間計画をたて，子ども同士の交流ができるようになりました。また，初めて校区の保幼小会議を行い，子どもの実態や取り組み，課題について話し合うことができました。幼稚園から発信した連携が，少しずつ広まっていることを嬉しく思います。

　今後も幼稚園と小学校が垣根を低くし，お互いが気軽に声を掛けあい，子どもや教育内容の話をすることが，段差を縮小することにつながると思います。これからも幼稚園と小学校がつながり，子どもたちの自尊感情を高め，一人ひとりのいのちがキラキラとかがやくような支援をしていきたいと思います。　※本文中の名前はすべて仮名です　　　　　　　（文責　山中　正子）

終わりに

　第2部に登場する学校園のユニークさと取り組みの柔軟さは，とても印象的です。すべて「まず子どもの実態から出発する」「厳しい課題のある子どもを中心にすえて，子ども集団づくりや学力保障をする」という意図が，ありありと読み取れたのではないでしょうか。これこそが，私たちが大切にしてきたものです。

　最後に，どの学校園にも共通していることを，ポイントとしてまとめてみましょう。

（クラスの取り組み）
① 自尊感情を重視した肯定的な人間関係づくり・子ども集団づくりを大切にして，教師と子ども，子どもと子どもをつないでいること
② 子どもの現実から出発し，課題となっていることを前向きに解決していこうとするしぶとさと明るさを大切にしていること（「子どものためやったら何でもするよ」「やってみよう」という，Can Do 文化）
③ 同和教育の中で育まれてきた「くぐらせ期」の理論とメソッドをもって，学びの助走期を大切に扱い，一人ひとりの指導を丁寧に進めていること
④ 好奇心や活動力など，今どきの子どもが持つ良さを活かせる学級活動に挑戦し，子どもが達成感を味わえるように取り組んでいること
⑤ 学級王国のようにかかえこまずに，いつも学年・学校教師集団とオープンに相談しあい，協同的な学級経営を進めていること

⑥　家庭訪問や保護者懇談などをたびたび繰り返し，率直にクラスの状況を話し，保護者とのつながりを大切にしていること

（学校としての取り組み）
①　固定的な学校園文化に縛られずに，目の前の子どもに対応した柔軟な学校運営に努めていること
②　異年齢の学級活動や学級編成を取り入れたり，校種を超えて子どもたちを異年齢集団で育てようとする組織方略がしっかりしていること
③　子どもやクラスのことをオープンに話し合い，緊急対応やサポートを適宜行なえる体制と，教職員の同僚性があること
④　トップリーダーの校長・園長をはじめ，ミドルリーダーである人権教育担当や特別支援教育担当などが，リーダーシップやコーディネート機能を発揮していること
⑤　中学校区の保幼小中教職員の連携会議や共同研修会などがたびたび持たれ，異校種間でも信頼関係を形成できていること
⑥　中学校区で，学校園・家庭・地域のネットワーク組織を持ち，専門機関とも連携して，協働子育てを進めようとしていること
⑦　研究者の意見や助言も積極的に取り入れた共同研究実践を重ねていること

「事件は会議室で起きてるんじゃない！　現場で起きているんだ！」は，「踊る大捜査線」の青島刑事の名せりふです。まさに小1プロブレムの「発見」からその克服と予防，さらには就学前教育と学校教育をつなぐスタートカリキュラムづくりへという道筋は，教育現場と研究者が力を合わせて探求していくべき課題です。今後も，子どもたちの持つ可能性を確信しつつ，子どもの現実から出発した就学前教育と

学校教育をつなぐスタートカリキュラムをいっそう充実させることが望まれます。

　最後になりましたが，第2部で実践記録を寄せてくださった学校園をはじめ，快くアクション・リサーチやインタビューに応じてくださった先生方に，心より感謝を申し上げます。また，表紙を初め，文中を素敵な写真で飾って下さった福岡県・田川市立金川小学校区の子どもたちとカメラマンの熊谷正敏先生に，深く感謝申し上げます。熊谷先生の写真も第2部の実践校園の写真も，子どもたちの優しさや誇らしげな気持ち，友だちといる心地良さ，やり遂げた達成感などで満ちあふれ，子どもたちの声が聞こえてくるようです。子どもたちと生活を共にしている先生でなければ，撮れなかったであろう愛情溢れる写真ばかりです。

　本書が，教育・保育にかかわる方々に勇気と元気をもたらし，教育実践・研究のささやかなヒントになれば，こんなに嬉しいことはありません。

2010年7月　新保真紀子

【執筆協力校園と組織】

　大阪府泉南市保幼あり方プロジェクト（HAP）

　大阪府箕面市立かやの幼稚園・萱野小学校

　大阪府八尾市立高美南小学校

　大阪府高槻市立五領小学校

　大阪府高槻市立芥川幼稚園

【表紙・文中写真】

　熊谷正敏　福岡県田川市立金川小学校

【参考文献】

有馬幼稚園・小学校執筆　秋田喜代美監修　『幼小連携のカリキュラムづくりと実践事例』小学館，2002

安彦忠彦監修　野田敦敬編著　『小学校学習指導要領の解説と展開　生活編』　教育出版，2008

阿部彩著　『子どもの貧困』　岩波新書，2008

大阪府人権教育研究協議会編　『わたし　出会い　発見　Part5～「小1プロブレム」を越えるために　遊びと学びをつなぐ教材実践集』　大阪府人権教育研究協議会，2004

大阪府人権教育研究協議会編　『大阪の子どもたち』大阪府人権教育研究協議会，2007・2008

「金川の教育改革」編集委員会編著　『就学前からの学力保障—筑豊金川の教育コミュニティづくり』　解放出版社，2006

岡本夏木著　『幼児期—子どもは世界をどうつかむか—』　岩波新書，2005

国立教育政策研究所教育課程研究センター著　『幼児期から児童期への教育』　ひかりのくに，2005

小西行郎著　『赤ちゃんと脳科学』　集英社新書，2003

新保真紀子著　『「小1プロブレム」に挑戦する—子どもたちにラブレターを書こう—』明治図書，2001

新保真紀子著　『子どもがつながる学級集団づくり入門—若いせんせいに送るラブレター—』明治図書，2007

新保真紀子著　『就学前教育と学校教育をつなぐ』　ちゃいるどネット大阪，2008

仙田満著　『子どもとあそび』　岩波新書，1992

吉田甫著　『子どもは数をどのように理解しているのか』　新曜社，1991

吉田甫・多鹿秀継編著　『認知心理学からみた数の理解』　北大路書房，1995

【著者プロフィル】

新保　真紀子（しんぽ　まきこ）

　徳島県に生まれる。大阪大学文学部卒業後、大阪府内中学校教員・大阪府人権教育研究協議会事務局長・大阪市立大学や近畿大学等の非常勤講師を経て、神戸親和女子大学発達教育学部教授。のち現在、客員教授。

　著書に『「小1プロブレム」に挑戦する』（明治図書）、『子どもがつながる学級集団づくり入門』（明治図書）、『就学前教育と学校教育をつなぐ』（ちゃいるどネット大阪）等。共著に『教育社会学への招待』、『「力のある学校」の探究』（ともに大阪大学出版会）、『高校を生きるニューカマー』（明石書店）、『早わかり人権教育小事典』、『人間関係づくりとネットワーク』（ともに明治図書）等がある。

小1プロブレムの予防とスタートカリキュラム
～就学前教育と学校教育の学びをつなぐ～

2010年8月初版第1刷刊	©著　者	新　保　真紀子
2020年4月初版第9刷刊	発行者	藤　原　久　雄
	発行所	明治図書出版株式会社

http://www.meijitosho.co.jp
（企画）佐保文章　（校正）関根美有
〒114-0023　東京都北区滝野川7-46-1
振替00160-5-151318　電話03(5907)6701
ご注文窓口　電話03(5907)6668

＊検印省略　　　組版所　長野印刷商工株式会社

本書の無断コピーは、著作権・出版権にふれます。ご注意ください。

Printed in Japan　　ISBN978-4-18-100229-9